GLOSSARY OF SEMIOTICS

符号学术语详解手册

[美]文森特·M.科拉彼得罗 / 著

曾静涵 / 译

上海教育出版社
SHANGHAI EDUCATIONAL
PUBLISHING HOUSE

译 序

在这个信息爆炸、观念丰富的时代,符号学作为一门研究符号与意义的学科,其重要性不言而喻。《符号学术语详解手册》通过对常见的符号学术语和概念的解释与说明,成为一部学者与公众应手的符号学工具书,也是一座连接符号学理论与实践、过去与未来的桥梁。

在符号学的世界里,每一个符号、每一种符号行为都蕴含着深邃的意义,等待我们去解读。本书作者文森特·M. 科拉彼得罗教授,以其深厚的学术积累和独到的见解,为我们提供了一本实用而全面的符号学入门手册。这本书囊括了从基础术语到复杂理论的阐释,无论是学术研究者还是普通读者,都能在这本书中找到宝贵的资源,加深对符号学的理解。通过这本书,读者不仅可以系统地了解符号学的基本概念和核心理论,还可以探索符号在各种文化和社会实践中的应用,从而提升对周围世界、人类社会和信息空间的认识和理解。书中丰富的案例和深入浅出的解释,使复杂的理论知识变得触手可及,学习和应用起来更加容易。

曾静涵博士作为本书的译者,不仅具备深厚的学术背景和丰富的教学经验,更在翻译此书过程中展现了极高的专业素养和责任感。她与科拉彼得罗教授及其家人之间的友谊和专业合作,使得这本书的中文版本得以忠实地传达原著的学术精髓和深刻见解。曾静涵博士对原著的精准翻译和细致校对,确保了术语的准确性和理论的权威性,使得这本书不仅是一部术语解释的手册,更是一个学习符号学的可靠向导。

愿《符号学术语详解手册》能够启发大家更多的思考,激发大家更多的探索;愿每一位读者在学习和领会符号学的旅程中,都能在该书的帮助下找到自己的路径,准确地解读生活中的每一个符号,发现人类生活世界的多姿多彩。

袁毓林

2024 年 9 月 8 日

目 录

引言	1
正文	1
精选参考书目	311
外国人名译名对照表	318
词条索引(外文—中文)	326
词条索引(中文—外文)	351
后记	376
作者简介	378
译者致谢	380
译者简介	382

引 言

这本术语手册是为那些对符号学(semiotics,来自希腊语 *semeion*,意为"符号")研究领域知之甚少或一无所知的人设计的。符号学是对符号的一般研究,研究任何传达意义的东西。符号学的研究者们已经发现了很多有价值的东西,但是当人们阅读他们的作品时,很容易感到沮丧甚至愤怒,因为无法破解观点和研究呈现的"代码"。具有讽刺意味的是,符号学领域经常是一座巴别塔①。在那里,交流和理解的可能性受到新词(即新创造的词)和普通术语的特

---

① 巴别塔,又称巴比伦塔。传说人类为了彰显自己的伟大,决定建造一座通天塔以直达天堂。上帝于是使人类的语言变得混乱,导致他们无法沟通,人类从而放弃了建塔计划。巴别塔在现代常用来比喻那些看似不可能完成的工程或目标。同时,它也象征着人类因语言、文化等差异而产生的隔阂和分裂。——译者注

殊用法的阻碍。因此我们才需要这样的术语手册。它的目标是通过明确和直接地定义符号学话语的关键术语,来增加交流和理解的可能性。

本手册中定义的术语是根据它们在符号学领域的中心地位选择的,概念广泛。符号学书籍的索引中最常见的单词在这里被定义,且没有任何观点或传统受到不应有的特殊安排。条目的性质各不相同,从最简短的定义到简短的篇章,为读者提供有关历史背景或当前争议的各种信息。此外,除了少数例外,条目都是自包含的,即读者可以在单个条目中找到术语的基本含义。在任何一个条目中,若需参考其他条目以获取重要的相关信息,会以粗体字标示。例如,在第一个关于溯因推理(abduction)的条目中,读者会遇到"假说"(hypothesis)、"演绎推理"(deduction)、"归纳"(induction)以及"皮尔斯"(Peirce)等术语。这些粗体术语是建议读者查阅的其他条目,以便更全面地理解所定义的术语[1]。

---

[1] 科拉彼得罗教授通过粗体以及不同印刷字体等方式标示,考虑到中文读者的阅读习惯,本书在翻译时没有使用加粗或多种字体,而是附上所有条目的中英文索引,以便读者查阅。——译者注

当然,在符号学中,没有什么可以代替广泛而深入的阅读。事实上,一个人可以记住这本词汇手册中的所有条目,但仍然是符号学文盲,因为符号学素养的首要基础是在语境中理解术语——特定作者在特定文本中使用的术语——的能力。但是,一个特定的术语在语境中是如何使用的,并不总是很清楚:有时,作者和语境都不能为我们提供理解文本所需要的信息或洞察力。在这种情况下,了解不同作者如何普遍地或有特色地使用该术语,以及该术语在高度特殊的用法中如何被单个作者独特地使用,是很有帮助的。词典或术语表是这些用法的汇编,是当之无愧的"精华",在我们不知道作者的意思或文本的意思时会给予一些参考。

实现一个全面的符号理论的梦想,是基于对符号先验的、实际的认识。虽然我们对符号的思考已经演变成高度抽象的定义和理论,但当从我们感知直接环境和我们自己的有机状态的能力开始,这些思考本身已经从我们最基本的能力和参与中发展出来。毫不夸张地说,迹象无处不在:在我们的鼻子底下,在我们的指尖。我们闻到的臭气告诉我们附近有什么恶心的东西,或者我们能感觉到尖锐的东西离我们很近,我胃里的剧痛意味着该吃东西了。在这样一个渐进且往往痛苦的过程中，人类婴儿获得了解读一系列复杂感官线索的技能。掌握这些基本技能，使更深远和开放的解释过程成为可能，如文学批评、科学探究和哲学反思。

　　脚印第一次出现在一片孤立的海滩上，向一个被困的观察者表明，这个岛并不像以前想象的那样无人居住。印在一块新暴露的石板上的叶子形状是发现一种早已灭绝的植物的关键线索。某天早上，如果孩子全身出现红点，这对所有聪明人来说都意味着出了问题，对受过训练的观察者来说，这是水痘。高速公路出口的尽头出现一个白色边框的红色八角形和几个字母，表示要停车。一位总统出现在电视上，身旁站着一位部长，这可能是为了表明他号召全国人民为之奋斗的事业是正义的。黑点整齐地排列在有编号的书页上。在一种情况下，这些标记报告了刚刚在其他地方发生的事情；在另一种情况下，它们记录了很久以前发生的事情；在第三种情况下，它们创造了一个从未存在过甚至不可能存在的世界。演员们出现在舞台上，交换着语言和手势，做着这个和那个；画面出现在屏幕上，一个场景紧接着另一个场景，没有任何直接的时间顺序；颜色出现在画布上；乐曲的音符通过音乐家的努力转化为旋律。

符号学就是对脚印、化石、症状、交通信号、身体姿势、视觉信息、文学文本、戏剧表演、视觉艺术品等的研究,因为每一种行为都像一个符号。在某些情况下,某些形式的符号长期以来一直是研究的正式对象:医生研究症状,语言学家研究词汇,生物学家研究蜜蜂的舞蹈,修辞学家研究修辞,人类学家研究人类的象征,神学家研究神的故事。但是,从 19 世纪下半叶开始,先是美国哲学家查尔斯·桑德斯·皮尔斯(1839—1914),稍后是瑞士语言学家费尔迪南·德·索绪尔(1857—1913),大胆地提出了一种包容性符号理论——一种将所有种类的符号以及所有意义模式纳入一个单一领域的研究。用皮尔斯的话说,"一个伟大的追求目标是,一种关于所有可能类型的符号及其意义、外延和信息模式的一般理论,以及它们的全部行为和性质……"(MS 634;引自 Fisch 1986:340)①。根

---

① 本书册中引文出处缩写的说明:MS 指马丹·萨鲁普(Madan Sarup)所著 *An Introduction to Post Structuralism and Postmodernism* 一书;CP 指皮尔斯(Charles Sanders Peirce)的《精选论文集》(*Collected Papers*)1—8 卷;SS 指 *Semiotic and Significs: The Correspondence between Charles S. Peirce and Victoria Lady Welby* 一书。详见后文"精选参考书目"。——译者注

据索绪尔的说法,"一门研究社会中符号生命的科学"是"可以想象的"(Saussure 1916/1966:16)。他建议称之为符号学,并观察到"因为这门科学还不存在,没有人能说它会是什么样子;但它有存在的权利,一个预先确定的位置"。

在今天的符号学倡导者看来,符号学作为一个独特的研究领域,不仅已经确立了它存在的权利,而且开始确保它应得的受众——一个国际学者团体借鉴其深刻的历史研究,而不仅仅是当代的理论发展。即使是怀疑论者也不得不承认,符号学已经深刻地影响了许多学科,包括文学理论、文学批评、法律理论、哲学、神学、心理学、社会学和人类学。即使怀疑论者试图对抗这种影响,从而对抗符号学,他们也只能通过加入辩论来做到这一点;他们只有通过理解辩论的术语才能做到这一点。所以,尽管这本术语手册是由某些人写的,并且是为那些赞同阐明和完善符号综合理论的人写的,但它对那些反对甚至拒绝这项研究的人也应该是有用的。

从最愤世嫉俗的角度来看,符号学可能只是最近出现的一种神秘的学术时尚,人们虔诚地希望它消亡。但迅速消亡是极不可能的,这种轻蔑的判断完全不公平。符号学不是一种源自巴黎的时尚,注定不久就会过时;这是一种根植于悠久而丰富的历史的视角。柏拉图和亚里士多德，奥古斯丁和阿奎那，奥卡姆和波因索，霍布斯和洛克，莱布尼茨和黑格尔，都是这段历史的一部分，这只是其中的几个例子。

在这段历史进程中，符号学研究产生了大量文献，这些文献既复杂，也真的引人入胜，却又时常令人沮丧。这本书的目的在于减少这种情况，即让那些对符号学本身或文学、人类学、神学、哲学等领域感兴趣的大学生及其他读者在面对诸如皮尔斯或索绪尔、罗曼·雅各布森或苏珊娜·朗格、路易斯·叶尔姆斯列夫或 A. J. 格雷马斯、罗兰·巴特或朱莉娅·克里斯蒂娃、翁贝托·艾柯或雅克·德里达等理论家的著作时，不会觉得这些浩如烟海的文献是难以理解的。在某种程度上，语言是有魔力的。当有听力和会话障碍的海伦·凯勒领会了水的含义——当她把老师安妮·苏利文刻在她手上的"字母"和她刚刚感受到的清凉液体联系起来时——世界向一个被禁锢在黑暗和寂静中的心灵敞开了大门。当这本术语手册的读者以一种不那么戏剧性但本质上相似的方式建立起不熟悉的、新的关联时，一个世界的大门也就打开了。符号学的世界因此成为这样一本打开的书。

Aa

abduction 试推法;溯因推理

查尔斯·桑德斯·皮尔斯用来指形成或产生假设的推理过程的术语。这种推理过程的结果,即得出的推论或猜测,也叫回溯推理(retroduction)和假设。

"试推"一词具有歧义性[参见"歧义"(ambiguity)]：其含义不止一种,而且这些含义很可能被混淆或合并。在某种意义上,这个词的意思是强行或非法地抢走某人或某物;在符号学中,它指发现一种规律或其他因素,使某些现象变得可理解。此外,从皮尔斯的符号学来看,"试推"主要是一个逻辑过程(而不是心理过程)。心理学是一门描述性和解释性的科学,而逻辑学是一门规范性的科学。

严格来说,侦探小说中夏洛克·福尔摩斯的大部分所谓推理都是假设的"试推"——对发生的事情的猜测。它们是经过仔细构思和仔细检验的猜测。在将试推法归类为推理时,皮尔斯声称试推法与演绎法、归纳法一样,易于进行逻辑分析和评估：它可以被分解成单元或部分，并且可以根据其功能进行判断（以可信的方式解释令人困惑的事情）。试推法不同于其他两种形式的推理。演绎法是一种逻辑运算，我们运用演绎法可以从一些纯粹假设的情况中推导出必然结果（例如，如果 A 大于 B 且 B 大于 C 为真，那么 A 大于 C 也必然为真）。归纳法是通过演绎得出的结果来检验假设的运算；试推法是假设得以建立的基础。换句话说，演绎法证明某事必然成立，归纳法表明某事实际成立，试推法暗示某事可能成立（CP 5.171）。

虽然将溯因推理作为一种推理形式，意味着皮尔斯认为存在一种发现逻辑，但这种逻辑不应被视为炮制可靠猜测的简单配方。例如，有几种方法可以增加一个人玩"二十问游戏"（game of Twenty Questions）的机会，其中一种方法是从一般到具体。发现的逻辑，至少在皮尔斯的意义上，无非是各种各样的规则和程序，我们通过这些规则和程序来增加猜对的机会。

abject, the 贱弃

朱莉娅·克里斯蒂娃使用的术语，用来指打乱、扰乱或破坏某些既定秩序或稳定地位的事物。贱弃之所以如此,是因为它处于我们通常认为的绝对对立面之间(例如:生与死、人与机械)。

很多英语单词来源于拉丁语 jacere,意为"投掷"。其中一些词[subject(主体/主语)、object(客体/宾语)和 abject]对符号学很重要。在词源学上,主体(sub = under)是指被置于某种过程之中或受其支配的事物;客体(ob = against)是指将自己与另一人对抗或抵抗的东西;贱弃是指被扔开、丢弃或离开的东西。贱弃既不是主体也不是客体,相反,它是某种"扰乱身份、系统和秩序"的东西,"一些不尊重限制、立场和规则的东西。它介于两者之间,模棱两可,混淆不清"(Kristeva 1980:12)。尸体是贱弃的一个例子,因为它既不是人类也不是非人类——它是介于两者之间的混合物。对孩子来说,母亲的身体就是某种"贱弃",既属于孩子,又不属于孩子。

克里斯蒂娃认为,贱弃是"主体性"(或"我")形成的关键因素。在身份形成的过程中(一个从前俄狄浦斯阶段的符号学层面过渡到象征层面的过程),贱弃促使孩子与母亲分离。但身份的形成是一个持续的过程,其中主体性的符号学维度和语言往往会破坏象征秩序。因此,在我们的一生中,贱弃会扰乱我们的身份、系统和秩序。既然我们作为主体的身份和稳定性源于我们所依附对象的统一和稳定,那么贱弃本质上就对我们的主体性构成了威胁。主体性的形成是一个复杂、持续且危险的过程,在这个过程中,一方面,我们看到自我与他者的界限变得模糊;另一方面,自我又具备区分自己与他人的能力。雅克·拉康、露西·伊利加雷、克里斯蒂娃和其他符号学家对这一过程进行了深入细致的探讨;克里斯蒂娃对人类主体性符号学分析的一个显著特点就是她关注贱弃所起的作用。

abridgement 缩写

一个词或一种表达的缩减或缩短形式,例如,将"metro-politan"缩写为"metro"。缩写操作影响的往往是词语以外的能指(也就是言语或语言能指以外的形式)。在一个人的非语言交流中,最简单的点头暗示可能会取代多次上下点头的行为。在这里,就像缩短语言能指的情况一样,我们看到节约原则在起作用(根据这一原则,通过最小的努力寻求最大的成就)。然而,这个原则只是语言和其他符号系统中起作用的原则之一。没有单一的原理可以解释所有符号系统的复杂操作;即便如此,经济倾向(节约原则)是所有符号系统的一个特点。

abstraction 抽象

一种现象或现实的某些特征被挑选出来加以考虑而忽略其他特征的过程,或由这种过程产生的产物。这一过程的产物或结果就是理性的存在,即只有在思想中才能遇到的存在。如果我们仅仅把人看作经济行为者而排除了所有其他维度,那么就产生了一个抽象概念。查尔斯·桑德斯·皮尔斯区分了两种类型的抽象,实体抽象和分离抽象(例如,参见 CP 4.235),他指出"抽象在现代一直是嘲笑的对象"(CP 4.234)。我们经常谴责或贬低一种立场或思维方式,称之为抽象。但是,我们形成抽象概念的过程和由此产生的抽象概念本身,是值得尊敬的。所有的思想都选择了一个物体的某些显著特征,而忽略了其他所有特征。

抽象是思维的必要条件。这既适用于实践思维,也适用于高度理论化的思维。当一个人从一辆飞驰而来的汽车旁跳开时,这一行为就反映了一种高级别的抽象:为了维持生命和四肢健全而将接近的物体视为一种威胁。在这个例子中,个体瞬间选择了复杂整体的一个方面,并出于当前的目的,将该方面视为与整体在实际上相等同,同时忽略了所有其他方面。汽车的所有现实性情况都被简化为一个特征。这种观念不仅具有高度抽象性,而且具有极高的实用性。正因为它是抽象的,因为它选择了与某些目的或欲望最直接、最迫切相关的特征(在这里是避免受伤或更糟的结果)。因此,无论是为了实用还是为了理论,我们都应该尊重抽象,而不是贬低它。

actant 行为主体

由 A. J. 格雷马斯引入,并为叙事学家所用的术语,用于指定情节发展的最基本类别。最初,格雷马斯提出,这种类别有三个,每个都是二元对立的:主体/客体、发送者/接收者、助手/对手。[他在识别这些类别时受到了 V. I. 普罗普的引导,普罗普在《民间故事的形态学》(*Morphology of the Folktale*)中根据恶棍、捐赠者、助手、公主或被追求的人以及她的父亲、派遣者、英雄和假英雄等角度分析民间故事。]然而,格雷马斯最终将助手/对手降为辅助者的地位。行为主体角色通常由叙事中的特定角色扮演。然而,行为主体角色是一种功能,不一定能与叙事中的任何特定角色或人物相对应;多个角色[与行为主体不同的行动者（*acteur*）]可以执行此功能。此外，该功能可以分配给非人类实体甚至无生命物体（例如，鲨鱼可以作为对手，而蝙蝠车可以是助手）。

在一个给定的叙事中，一个行动者在情节发展的总体经济中扮演一个或多个角色（例如，梅林在亚瑟王传说中扮演助手的角色）。如果不是这样，我们就会认为这个故事是有缺陷的。正如一个结构不良的句子违反了语法，一个结构不良的故事也是如此。这意味着存在一种叙事语法。格雷马斯和其他当代符号学家一直致力于发现这种语法。他们的兴趣不在于规定所有叙述者必须遵循的规则，而在于确定在叙事层面生成意义的机制。

根据抽象功能构想情节发展的驱动力与发现叙事语法的驱动力是相联系的。这种语法旨在隔离某些符号学领域的最基本单位，然后发现这些单位是如何组装的规律。行为分析是叙事学家和更广泛的读者用来理解故事的一种技术。

actantial analysis 行为分析

指根据行为主体对叙事进行分析，在深层结构层面发现抽象功能。对罗兰·巴特和 A.

J. 格雷马斯等叙事学家来说，叙事话语既具有表层结构，又具有深层结构。叙事表面上发生的事情通常用行动者、行为、事件等来描述；据称，这背后是一种语法，一套规则，根据这些规则，叙事话语的基本单位（通常称为叙事元）被形成和组合。行为分析是叙事话语的一种研究方法，其灵感来源于结构主义方法对语言、文化、亲属关系、烹饪等看似多样的现象的成功应用。

acteme 行动素

肯尼斯·L. 派克提出的术语，分析言语的和非言语的交际行为的最基本单位。音素对于作为听觉符号系统的语言研究来说，就像行动素对于作为行为系统的交际研究一样。

虽然派克对"文化特有"（emic）和"普遍"（etic）研究的区分具有很大的影响，但他的"行动素"（acteme）和"行为素"（behavioreme）这两个术语并未在较广泛的范围内使用。然而，这些术语显示了当代符号学中一个普遍且重要的趋势：将结构主义语言学的模型应用于非语言的事物。从这个角度来看，语言是通过识别其最基本单位（声音层面的音素和意义层面的义素）以及发现其最基本组合规律来解释的。在任何给定的语言中,只有某些可以组合最基本单位的方式是合法或合理的。只有在发现如何组合最基本单位的规则,以及这些单位本身,语言描述才是充分的[参见"充分性"(adequacy)]。

派克的术语旨在为分析和研究任何形式的行为提供资源,无论是言语行为还是其他行为。同样,一般符号学理论就是一般符号学理论,而不是这种或那种特定类型的符号学理论,它是任何有意义的、可以称为符号的东西的理论。这种普遍性的追求可以在无数上下文中观察到,即使调查者正忙于将某些特定的符号学研究领域纳入可控的状态。

acteur 行动者

与深层结构层面的抽象功能行为主体相对,指叙事话语表层层面的"演员"或角色。

actuality 现实性

与潜在性相对的存在模式。事物不仅以各种不同的形状和大小存在,一个事物的存在方式可能与其他事物的存在方式不同。虽然新生儿只是某个语言社区的潜在成员,但给定语言的熟练使用者是该社区的实际成员。人们可能会区分现实性的不同等级或层次(例如亚里士多德就是这样做的)。获得某种能力(例如获得说一种语言的能力)将一个人与那些有潜力获得这种能力但尚未获得的人区分开来。但是,所获能力的实际运用(说话行为)标志着一个人作为说话者现实性的更充分实现。实际获得能力与实际运用这种能力是两个不同的现实性层次。在我实际打字时,我作为打字员的方式与我实际上不游泳时作为游泳者的方式是不同的。

由于从古典时代到当代,对符号的研究一直是哲学探究者热衷的话题,而关于存在本质和存在模式的问题也一直是哲学的中心或至少是接近中心的问题,因此符号学(符号的研究)和形而上学(对存在本质和存在模式的反思)在许多重要的点上都有交叉。这形成了一种复杂而引人入胜的概念性织锦,将具有独特形而上学概念的概念与符号学的概念交织在一起,创造出引人注目的图案和富有启发性的配置。

在查尔斯·桑德斯·皮尔斯的著作中,我们发现了这样一幅画卷。根据他的观点,存在有三种模式(例如,参见 CP 1.23)。当我们说某事可能曾存在或可能存在时,我们是在关注与曾经存在、现在存在或将要存在的事物完全不同的事物;而这两者都与将会存在的事物不同。我们可以将这些归为三个标题,"每个对象要么是'可能存在'(Can-be),要么是'实际存在'(Actual),要么是'将会存在'(Would-be)"(CP 8.305)。我作为一名小说家的存在仅仅是一种可能性存在(因为我从未写过小说,而且我生活的环境似乎也不利于完成这样的作品);我作为一个词典编纂者的存在,尤其是在此刻,是一种现实性存在;最后,我作为一个爵士乐爱好者的存在是一种潜在必然性存在〔如果有机会和闲暇,我会非常乐意聆听斯科特·汉密尔顿在"肥胖星期二"爵士乐俱乐部(Fat Tuesdays)的演奏或雪莉·霍恩在"乡村先锋"爵士乐俱乐部(Village Vanguard)的演奏〕。虽然皮尔斯对符号的终身研究与存在的三种模式都有关,但第三种模式尤其相关。事实上,这正是符号所展现的存在方式。

actualization 语境化;现实化

指某种仅具有潜在性的事物变成现实性的事物的过程(例如,从种子生长出花朵)。A. J. 格雷马斯和 J. 库尔特斯在符号学的语境中解释了这个术语,表示"从系统到过程的转变。因此,语言是一个虚拟系统,它在言语和话语中被语境化"(1982:9)。当使用代码来传达信息时

（例如，将英语作为语言或系统来工作以产生句子），这些句子中的代码被语境化。

不应假设代码或语言是个人代理手中的惰性工具，这些个人代理的存在和力量与其符号学能力（即他们生产和解释各种符号的能力）无关。对于许多符号学家来说，这些代码或系统具有自己的生命和代理性：它们自己就是非个人的代理或力量，对个人代理（或说话主体）产生作用并通过它们发挥作用。参见"现实性"（actuality）、"反人道主义"（anti-humanism）。

addressee 受话者

在任何言语事件或交际过程中，受话者都是构成该事件或过程的六个因素之一。受话者是信息被传达或发送给的对象；发话者则是发送或传递信息的主体或机制。例如，如果我在街对面大声喊叫以警告你某种危险，你就是受话者，而我则是发话者。

除了受话者和发话者之外，所有交流过程都还包括其他因素，即语境、信息、接触和代码。每一个因素都与一个功能相对应。就交流是面向受话者而言，其功能是指向性的；就交流是面向发话者而言，其功能则是表达性的。例如，如果我说"贝拉多娜，今晚在广场见"，受话者是交流的重点,因此其功能是指向性的、意动的。而如果我说"我的心碎了,因为她从未出现",我作为发话者成为重点,因此信息的功能是表达性的。

"发话者"和"受话者"这一对术语的多种同义词分别包括:发送者/接收者、交流者/接收者、发射者/接收者、来源/目的地、编码器/解码器、说话者/听者、作者/读者。查尔斯·桑德斯·皮尔斯有时使用"说话人"(utterer)和"解释人"(interpreter)来指代发送者和接收者。

将信息的受话者描述为作者-读者,这强调了受话者在意义构建中的积极、不可或缺的作用。文本的意义并不是一个完全成型的产品供人消费;它是一个精心编织的过程,需要读者来执行和重新执行。这些读者在阅读过程中,实际上是在创作(或至少是共同创作)通常是由其他人编写的文本的意义。因此,有必要区分文本的作者和写作者。参见"作者的死亡"(author, death of the)。

addresser 发话者

在任何言语事件或交际过程中,发话者都是构成该事件的六个因素之一[参见"传播;交际"(communication)]。具体来说,是指发送或传递信息的主体或机制[参见"受话者"（addressee）]。

与这个因素相对应的是一个独特的功能，即表达性或情感性功能。当交流过程侧重于发送信息的主体时，其功能是表达性或情感性的。例如，如果一个人说"我累了"，这条信息的功能通常是揭示发话者的一些情况。可以想象，在某些情况下，这个命题可能执行的是指向性而不是表达性功能，因为它可能意味着"我们回家吧"。在这种情况下，受话者而不是发话者是交流的重点。这个例子表明了语境在确定任何信息意义方面的重要性。这也表明，看似陈述事实的东西可能并不完全是这样，或并不主要是这样。在我们的例子中，当说话者说"我累了"时，他们实际上是在请求受话者做某事（与说话者一起离开）。

adequacy 充分性（observational 观测性，descriptive 描述性，explanatory 解释性）

一个理论的三个优点或长处，分别是从观测上充分的最低要求发展到描述上充分的中级需求，最终达到解释上充分的最终目标。这种三重的区别可以通过一个例子来解释。考虑一个语言理论。如果一个理论为我们提供了生成精通该语言的使用者会直观认为正确或符合语法的单词串的所有手段,那么它就具有观测上的充分性。如果该理论还提供了描述为什么某些单词串在语言中有意义而其他单词串没有意义的资源,那么它就具有描述充分性。这些资源必须再次以直观的方式说服精通该语言的使用者。但任何渴望获得科学地位的语言研究的最终目标,都是超越单纯的观察和描述,达到解释上的充分性[参见"解释"(*Erklärung*)]。当语言理论确定了有意义或合乎语法的句子是如何生成的机制或手段时,它就具有了解释充分性。

adequatio 适恰

拉丁语单词,意为"对等""相等"或"对应"。适恰性是使一件事物与另一件事物相等的过程。在中世纪的思想中,真理是用等价物来定义的。托马斯·阿奎那曾说过,真理是一种知识的补充。换句话说,真理是我们所想的和我们正在想的之间的对应——简而言之,是我们的理智和现实之间的对应。如果一个观念是真实的,那么它在某种程度上就等于它所声称要表现的对象;如果为假,则有思想和事物之间的不平衡或缺乏对等。

所谓的真理对应论已经被当代一些极具影

响力的思想家否定。给出这种拒绝的一个重要的理由是,这种真理的概念所暗示的是一种过于简单和统一的概念。如果在面对"什么是真理"这个问题时采纳路德维希·维特根斯坦的建议,看看形容词"真实的"和副词"真实地"在日常语言中的实际作用,我们会发现,没有一个简单的公式可以捕捉真理的本质。的确,存在真理的本质这一假设在这里受到了质疑。"真实的"和"真实地"的各种不同但同样合法的用法表明,概念的混杂联系不是由单一的本质(或共同的性质)联系在一起,而是由家庭相似性纵横交错的网络联系在一起。因此,我们的任务不是从这些不同的用法中提取一个单一的本质,而是煞费苦心地关注"真理"及其同源词的各种用法。不能让威廉·詹姆斯所说的"对普遍性的渴望"削弱我们对细节的关注和对不可简化的多样性的辨别力。当这种渴望受到抑制时,我们就会发现,诸如"真理即充分"这样的简单公式并不能抓住真理的本质,而只是描述了一个真正千变万化的词的一种合理但相当狭隘的用法。

尽管这种对相应理论的批判影响深远,但该理论仍有其支持者。真理问题仍然是哲学辩论和其他形式辩论的核心。尽管我们可能永远无法彻底了解真理的真相,但对于哲学家和其他人来说,这一探索本身就证明了努力的合理性。

adjuvant 辅助者;助手

法语术语,A. J. 格雷马斯用于指称最初被构想为行动者角色[参见"行为主体"(*actant*)]的东西,并最终被归类为辅助成分。

aesthetic function of language 语言的审美功能

一种与交际有关的功能,亦称信息功能,或称诗歌功能。在所有交际过程中,发话者向受话者传达信息;这一过程发生在一定的语境中,并依赖于发话者与受话者之间某种形式的代码和接触或通道。与交际的每个组成部分相联系的是功能:情感功能与发话者相联系,意志功能与受话者相联系,指称功能与语境相联系,寒暄功能与接触相联系,元语言功能与代码相联系,审美或诗歌功能与信息本身相联系。

如今,许多人认为在文学文本中,语言的使用并不是为了表达作者的感情,指导读者的行动,或指称世界上的物体或事件;相反,语言的使用是为了揭示语言本身的力量和性质。这种对语言或交际审美功能的概念(例如,在罗曼·

雅各布森的著作中发现的概念)往往倾向于形式主义而不是语境主义,因为它将这种功能定位在文学(或艺术)文本的固有形式中。要做到这一点,需要从作者的心理传记背景与文本写作和阅读的历史背景中抽象出来。然而,极端的形式主义是站不住脚的。弗吉尼亚·伍尔夫指出:"小说就像蜘蛛网,可能只是轻轻附着,但四个角仍然都附着在生活[或现实]上"(1929/1957:43)。要充分欣赏这样的网,既要仔细追踪网的复杂模式或形式,又要探索其附着点。将审美文本作为自给自足和自指系统的形式考虑,需要以各种形式的语境考虑作为补充。

ad hoc 特设

拉丁语表达式,意为"为此"。是一个形容词,用于描述专门为解决特定问题、议题或目标而设计的事物[例如(解决事务的)委员会或假设]。如果一所大学的管理员组建了一个负责解决这一特定问题(比如校园安全)的委员会,那么这位官员就建立了一个特设委员会。通常,这类委员会的存续时间较短;一旦问题解决,它们就会被解散。

特设假设是为了填补理论中的漏洞而设计的。例如,当托勒密和其他天文学家以地球为中心(地心说)的观点与改进后的天体观测结果发生冲突时,这一观点的支持者提出了特设假设——本轮说:行星不仅仅围绕地球旋转,它们还沿着圆形轨道的线路在小圆圈(本轮)中移动。最终,为了将托勒密的观点与观测数据相协调,有必要假设行星在一个极其复杂的本轮模式中移动。一般来说,要制定特设假设来维持一个理论被视为该理论存在缺陷的症状,尽管这并不一定是一个令人信服的理由来完全拒绝该理论。

ad hominem 人身攻击

拉丁语表达式,意为"针对人的",通常用作 *argumentum ad hominem* 的缩写。从某种意义上说,这意味着专门针对某人的论证(例如,"如果你持有这个观点或假设那个,你就不能一贯地维持另一个立场"),因此在逻辑效力上通常很有限。在另一种完全不同的意义上,它指的是一种错误的或无效的反驳形式,它攻击提出论点的人,而不是针对该人提出的支持某些结论的理由:"他是自由主义者,所以我们知道他的提案将涉及不必要的开支,并且至多只能产生微不足道的结果。"通过辱骂(在这种情况下,是"L"这个词——自由主义者)来谴责个人,以及暗示他们的立场,是这种错误行为最常见的形式。尽管逻辑上有缺陷,但人身攻击式的反驳在修辞上往往很有说服力:它们使人们基于不相关的理由拒绝某个论点的结论。

aesthetics 美学

美学在广义上是哲学的一个分支,研究艺术和自然中遇到的美。然而,在今天通常使用的意义上,美学的这个定义在某种意义上过于宽泛,在另一种意义上又过于狭窄。它过于宽泛,因为美学的范围通常仅限于人类制品。诸如海景和日落等自然现象显然不属于这个范围。但是,这个定义也太狭窄了,因为当代从业者并不主要致力于探索美的本质和形式。古典美学力求定义美的一般性(例如,托马斯·阿奎那的作品中对美的定义是,美是感知时令人愉悦或愉悦的事物),并确定识别美丽物体的标准;而当代美学的主要关注点在于艺术本身的本质,在于符号化的过程。我们很少问艺术作品"它美吗?",但我们经常想"这是艺术吗?"或"这是什么意思?"。当代艺术在很大程度上是一种自觉的实验,运用各种往往混合的媒介,目的是揭露虚假意义和建立不寻常的共鸣。据一种极具影响力的方法——俄罗斯形式主义——

艺术的功能是让熟悉的事物变得陌生。这是从符号学角度邀请人们进行调查的一种艺术领域。

agency 代理

具有代理人的地位或能力——个体、机制或任何其他可以发起和可能维持某些进程的东西,或者通过它施加某些力量并产生某些变化。我们往往把代理人当作人来考虑,但当代符号学的一个重点是,符号系统本身固有的生命力和强大的力量,能够塑造人类和其他符号使用者的思考和感受方式,以及说话和写作的方式。因此,符号系统本身可以被视为代理。

agreeableness to reason, method of 合理性方法

查尔斯·桑德斯·皮尔斯区分的四种探究方法或确定信仰的方式之一,也称先验方法(a priori method)。根据这一方法的倡导,我们应该在努力克服怀疑的过程中采取最符合我们个人理性的信仰。"合理"并不意味着与经验一致,而是指我们自己倾向于相信的东西。就像固执的方法(method of tenacity)和权威的方法(method of authority)一样,这种方法也有致命的缺陷,其致命的缺陷在于它"使探究类似于品味的发展;但不幸的是,品味总是或多或少地与时尚有关……"(CP 5.383)。与科学方法不同,这三种确定信仰的方式都没有足够认真地对待经验,也没有充分地构想现实。在我们更清醒的时刻,我们意识到现实并不只是我们倾向于假设的那样,它是完全独立于我们的概念的。皮尔斯认为,确定我们信仰的唯一真正负责任的方式是,坚定地致力于这样的现实观念,并谦虚地开放于现实在我们的经验中和通过我们的经验揭示自己的方式。至少,他是这样认为的。

algorithm 算法

在数学中指解决问题的过程,这个过程包含有限数量的步骤,并且经常涉及重复一个操作;更广泛地说,是一个逐步实现某个目标或解决某个困难的程序。

alienation effect or A-effect 间离效应或 A 效应

德语 *Verfremdungseffekt* 或 *V-effekt* 的常见英译,贝尔托尔特·布莱希特用于表示有意消除戏剧表演现实幻觉的效果。观众需要意识到他们看到的不是真实的,因为只有这样,他们才会停止被动地接受,然后才能批判性地参与这一过程。实现这一效果的一种手段是让演员跳出角色,评论另一位演员的表演有多么糟糕。参见"陌生化"(defamiliarization)。

***aliquid stat pro aliquo* 符号指代关系;一物代表一物**

拉丁语表达式,意为"某物代表另一物"。从古代到当代,一件事物代表另一件事物(*stare pro*)的功能一直被看作是符号的本质特征。这一观点在奥古斯丁的《基督教教义》(*De doctrina christiana*)中有一个有影响力的表述:"符号是一种东西,除了它在感官上留下的印象之外,还会因其自身而导致其他东西进入心灵。"例如,人们可能会听到"佛罗伦萨"(Florence)或"弗洛伦萨"(Firenze)的声音,并想到一座城市,或者看到烟雾而想到火。声音传达城市概念的能力和视觉提示其出现原因的能力,说明了 *aliquid stat pro aliquo* 这一公式的含义,因为这些符号的解释者将一件事物视为另一件事物的代表。

然而,从古代开始,*aliquo*(即符号所代表的事物)的地位或性质一直存在争议。在我们这个时代,这种争议已经加剧。一方面,有些人认为语言和更广泛的各种符号为我们提供了通往语言外和符号外的世界（一个独立于语言和所有其他符号系统的世界）的途径。因此，语言和符号揭示了事物的真实存在。另一方面，也有人认为，由于我们只能通过各种符号来接触现实，因此我们所谓的现实只不过是一种解释。具体来说，它是我们最权威、最可靠的解释的总和。弗里德里希·尼采曾说："没有事实，只有解释。"因此，符号所代表的事物的地位和性质本身就存在相互冲突的解释，至于"代表"的功能已经受到明确挑战。从这种观点来看，符号的功能是生成其他符号，而这些符号的功能是生成更多的符号，无穷无尽。

当代思想深受符号生成其他符号而非代表符号外实体的观念影响。语言或文学体系等符号系统并不是我们观察现实的透明窗户；它们是迷宫，也许是引向其他迷宫的迷宫，我们无法从中逃脱。根据其批评者（例如弗雷德里克·詹姆逊）的观点，这种观点使语言和其他符号系统成为无法接触"真实世界"的监狱。而其支持者则认为，将符号（或能指）的游戏从非符号的事物中分离出来的要求，源于一种专制的冲动，试图阻止那些永远无法真正被阻止的事物——即符号的动态、自我维持的生成。这两种对立立场中可能都蕴含着健康的冲动——一方面，使用语言简单明了，以便让诸如饥饿、暴力、不公、残忍等事物不会消失在符号的迷雾中；另一方面，尽可能富有想象力地使用语言，使其可能性和力量以不断翻新和惊人的方式展现出来。

总之，在经典观念中，符号的功能是代表性的，而在更近期的理论中，符号的功能是生成性的：前者认为符号的存在理由在于代表符号外的事物（即非符号的事物），而后者则认为符号是生成其他符号的机制，无穷无尽。参见"适恰"（*adequatio*）。

alterity 他异性；异质性

源于拉丁语 *alter*，意为"其他的"。指他者性（otherness）、多样性、差异性；具有不同于某些表征系统并且无法被其同化的地位或力量。通常，"他异性"指的是与某些主导观点不同的东西，因此已经被（并且很可能仍然被）贬低、轻视和边缘化。边缘化和不可同化性是"他异性"的决定性特征。今天用"他异性"和"他者性"这两个词所指代的事物，在某些方面接近于皮尔斯所说的"第二性"（secondness）。

高度抽象的他异性或他者性类别往往具有

实用甚至政治的重点。它经常被用来引起人们对西方文化中主导话语所排除或边缘化的东西的关注。西方人文主义建立在所有人类本性的假设相似性之上;但在实践中,它并没有为所有人类提供同等良好的服务。那些与主导话语的主导形象不同的人被贬低、失信、降级,甚至更糟。为了挑战这种排斥和边缘化,已经制定了关于"他异性"和"他者性"的修辞:存在除了男性、异性恋者、白人、欧洲人之外的体验。这些"其他人"值得一听;他们的经历并不一定,甚至可能不同于历史上占主导地位的人。如今,重点已经从普遍性(对所有"人"都适用的东西)转向具体性(通常适合某些特定群体的经验),从相同性、同质性和一体性转向他者性、他异性和多样性。

Althusser, Louis 路易·阿尔都塞(1918—1990)

当代法国思想家,他对马克思主义观点作结构主义解读。他对意识形态的处理可能是他对符号学最重要的贡献。他的作品包括《保卫马克思》(*For Marx*, 1977)、《自我批评论文》(*Essays in Self-Criticism*, 1978)和《读〈资本论〉》(*Reading Capital*, 1979)。

ambiguity 歧义

指某事物可以接受多种解读,其中一些解读甚至可能是相互矛盾的;每当某个词或表达具有多种含义时,这些含义就容易被混淆,出现歧义。

ampliative/explicative 增扩性的/解释性的

"增扩性的"是查尔斯·桑德斯·皮尔斯使用的一个形容词,用以识别那些旨在增加我们知识的推理形式(将真正的新东西添加到我们所知道的知识库中)。相比之下,解释性推理涉及解释——使隐含的和隐藏的东西变得明确和明显——即一些被认为已经牢固确立的真理。

anagram 易位词

将一个单词或短语的字母颠倒或互换而得出的单词或短语。一个有趣而恶作剧的例子是将"Evangelists"中的字母互换而得出的"Evil's agent"。费尔迪南·德·索绪尔研究了拉丁语诗歌中的易位词,并假设"拉丁诗人故意在其诗句中隐藏了人名的易位词。他相信他已经发现了一个补充性的符号系统,一套用于产生意义的特殊惯例,并且他用许多笔记本记录了他发现的各种类型的重复和易位词"(Culler 1986:

123)。

"索绪尔所检测到的易位词是故意设计出来的"这个假设是有问题的。他可能发现的是一种在诗歌语言塑造中起作用的无意识机制，也可能是在不太精细控制的用词中同样存在的无意识机制。声音或字母的重复，尽管是以颠倒的形式，可能是产生口语信息的重要因素，即使这些信息的生产者没有意识到这种机制的存在或重要性。朱莉娅·克里斯蒂娃就是这样解释这些重复和置换的。它们的无意识运作只是人类行为者不完全知道自己正在做什么的另一个例子。

analepsis 倒叙

一种通常被称为重现的叙述技巧，较少被称为回顾。如果在叙述过程中，叙述的事件早于迄今为止叙述的事件，那么我们就有了倒叙的例子；如果在叙述过程中，叙述的事件晚于迄今为止叙述的事件，那么我们就有了预期叙述或前瞻性。

analogy 类比

一般来说，类比是一种比较，指（寻找）不同事物之间的相似性（例如，费尔迪南·德·索绪尔在《普通语言学教程》(*Course on General Linguistics*)的几个著名段落中提到了语言和国际象棋之间的类比)。在逻辑学中,类比是一种具有四个术语和以下形式或结构的特殊类型的比较:A∶B∷C∶D(A对B正如C对D;例如,象鼻对大象正如手对人类)。类比是一种推理类型,其中一些事物在某些方面的相同点被用作假设这些事物在其他方面也相似的依据。

analysis 分析;解析

分析是将正在调查的现象或对象分解的过程,无论是在物理上(如物质的化学分析)还是在概念上,都将其分解为组成部分,以便更全面地理解该现象或对象。分析是任何调查领域中使用的最基本程序之一。因此,它与观察、分类、概括、验证以及人类调查者以某种形式进行的其他所有程序并驾齐驱,无论主题是什么。费尔迪南·德·索绪尔将符号分析为听觉形象(当说出单词或句子时听到的声音)和心理形象(在听到话语时传达的概念);然后,他将这些成分概括为能指和所指。相比之下,查尔斯·桑德斯·皮尔斯将符号或符号行为分解为三个组成部分:符号或符号载体本身、对象和解释项。

analytic/synthetic judgments 分析判断/综合判断

伊曼努尔·康德提出了一种非常有影响力的方式来区分"理性的真理"和"事实的真理"（例如，大卫·休谟和戈特弗里德·莱布尼茨都明确区分了这两者）。最常见和最重要的一种判断形式是谓述（predicate，来自拉丁语 *predicare*，意为"关于……的说法"），即谓述一个对象的性质或属性。如果我判断"这个炉子是黑色的"，那么我就谓述了这个对象的性质（黑色）。分析判断和综合判断都遵循主谓形式，它们之间的区别在于谓语与主语之间的关系。分析判断是指谓语（用康德自己的话说）是"包含"在主语之中，或者由主语所决定的。例如，判断"一个三角形有三条边"就是一个分析判断，因为三条边是三角形定义的一部分。而判断"这个炉子是黑色的"则是一个综合判断，因为在"炉子"这个概念中并没有包含它必须是黑色的信息。我们不能想象一个有四条边的三角形，但可以想象一个白色的炉子。三角形有三条边是理性的真理：我们可以不依赖任何经验，仅凭理性就能发现这一点。而这个炉子的黑色则是事实的真理：只有经验才能告诉我们这个性质是否属于这个对象。

威拉德·范·奥曼·奎因在其颇具影响力的论文《经验主义的两个教条》(*Two Dogmas of Empiricism*)中,对分析真理和综合真理之间绝对分明的可能性提出了质疑。

animal symbolicum 符号性动物;动物符号

拉丁语表达式,意指使用符号或象征的动物。恩斯特·卡西尔用于指称人类。符号性动物旨在表达一种比将人类定义为理性动物这一经典定义更为宽泛和深刻的内容。参见"使用语言或说话的动物"(*homo loquens*)。

译者注:"符号性动物"这个表达也暗示了人类具有一种特殊的能力,即使用语言和符号来进行交流和思考。这种能力使人类能够创造出复杂的社会结构和文化传统,发展出各种科技和知识体系。因此,"符号性动物"这个表达形式也可以看作是对人类本质的一种更深刻和更全面的理解。另一个相关概念是"使用语言或说话的动物",意思是"说话的人"或"使用语言的人"。这个概念强调了人类使用语言进行交流和思考的能力,以及这种能力对人类文化和文明的重要性。因此,"使用语言或说话的动物"可以看作"符号性动物"的一个具体体现或应用。

anthropomorphism 拟人化

来自希腊语的单词,由 *anthropos*(人类)和 *morphe*(形式)两个词组成,意为将非人类或非个人的事物以人类或个人的方式来构想或解释。例如,将圣父(God the Father)构想为一个长着白发和长胡须的老人,就是一种拟人化的表现。同样地,如果我将一块击中我头部的石头视为有恶意的,那么我也是在以个人的方式,特别是以意愿的方式来构想这个无生命的事物。但是,只有有意愿的代理(拥有自己意愿的存在)才能承担恶意或恶意意愿,因此这种观念是误导的。一般来说,表明一个观念是拟人化的,就等同于表明它是错误的。因为这种观念似乎涉及"读取"现象的性质或能力,而这些性质或能力实际上并不存在。

然而,查尔斯·桑德斯·皮尔斯反对对拟人化观念的全面谴责。他主张,由于人类的可能实践经验受到限制,他们的思维总是被用作满足自己需求和欲望的工具,因此他们无法超越这种经验的限制去理解任何事物。由此他得出结论:"'拟人化'几乎就是所有[人类]观念的

根本特征。"(CP 5.47)

anthroposemiosis 人类符号活动

指人类参与的所有符号过程,尽管其他动物也可能使用这些过程;狭义指人类特有的符号使用形式和符号本身。艺术、科学、宗教以及语言本身,至少在其更复杂和精细的表现形式中,都是狭义的人类符号活动的例子。某个特定物种所独有的或特有的任何事物都被称为该物种特有的。人类符号活动可能指的是人类所有的符号活动范围(包括其他动物所展现的符号活动),或者更狭义地说,仅指人类特有的符号活动形式。

译者注:这个概念强调人类符号活动的独特性和普遍性。尽管其他动物也可能使用符号,但人类的符号活动在形式和范围上都有其独特之处。例如,人类语言是一种高度复杂和灵活的符号系统,能够通过组合和创造新的符号来表达无限多的意义。此外,人类还能够通过艺术、科学和宗教等形式创造和解释符号,这些都是其他动物所无法比拟的。因此,人类符号活动是人类文化和社会的基础,它使得人类能够创造和传承知识、价值观和社会结构,从而形成独特的人类文明。

anthroposemiotics 人类符号学

符号学的一个分支,专门研究人类的符号用法和符号形式,特别是那些人类独有的或特有的符号用法和符号形式。它也是动物符号学(zoosemiotics)中关注人类符号活动(anthroposemiosis)的部分。

译者注: 人类符号学主要关注人类如何通过符号来创造、传达和理解意义。它研究人类语言的语法、语义和语用等方面,以及人类如何通过非语言符号(如面部表情、手势、艺术作品等)来传达意义。此外,人类符号学还探讨符号在人类文化、社会和认知发展中的作用,以及符号如何影响人类的思维和行为。

通过深入研究人类符号学,我们可以更好地理解人类如何与世界互动,如何创造和解释意义,以及如何形成和发展文化和社会结构。这对于理解人类行为、思维和文化多样性具有重要意义。

anti-humanism 反人道主义

反对或拒绝人道主义。人道主义在广义上即肯定人的价值和尊严;狭义上指的是一种文化和智力运动,始于文艺复兴时期(甚至更早),并受到人类特有形象的激励。意识、自主性(主要从摆脱传统和暴君意志束缚的消极意义上理解)、个性和对自然的控制是这个形象最显著的特征。由于多种原因,这种人类观一直遭到反对,其中最重要的原因是,它假装是一个普遍有效的肖像,为所有人类提供同等的服务(无论阶级、性别、种族等),但实际上却是一个严重扭曲且意识形态上有偏见的立场。反人道主义当然是对这种人类观的拒绝(出于任何原因)。例如,在米歇尔·福柯的《词与物》(*Les Mots et les Choses*)中就可以遇到反人道主义。如果我们看穿了意识、自由、个性、主宰等人道主义观念的虚幻性质,我们注定会目睹"人的死亡",即在后中世纪时期的西方文化中被定义和捍卫的人的死亡。弗里德里希·尼采所宣告的"上帝的死亡",实际上成为了"人的死亡"的序曲。至少,这是福柯在《词与物》(1966/1973,特别是第384页及以后)中得出的反人道主义结论。

antinomy 悖论

一般而言,悖论指的是两个看似同样有效的原则之间的矛盾,或者从这些原则中得出的两个(表面上)正确的结论之间的矛盾。

antipsychologism 反心理主义

这一观点认为,心理或精神过程无法解释符号过程。对这一学说的倡导者来说,符号不能根据心灵来解释,尤其是把心灵构想为内在或私人领域;相反,心灵只能用符号学或符号行为来解释。托马斯·库恩将这种启发式取向的突然变化称为范式转换(paradigm shift)。因此,符号学(对符号的研究)涉及的不仅仅是符号理解和调查方式的这种转变。

在范式转换中,探究者群体,或者至少是其中的一个重要部分,不仅从一组关注点和问题转向另一组,而且还修正对什么才算是解释的理解。在符号学研究中,过去一百年里,符号的心理学解释已经转换为心灵的符号学解释。对于一些符号学家来说,这一概念和启发式方法的革命与伽利略开创并由牛顿继承的革命一样伟大和重要。在亚里士多德的物理学中,物体运动这一事实需要解释。伽利略,以及后来的牛顿,通过假设物体的运动改变了物理学的焦点;需要解释的是方向和速度的变化。

查尔斯·桑德斯·皮尔斯在他的符号学中明确反对心理主义。相比之下,费尔迪南·德·索绪尔经常将符号描述为心理实体,他还将符号学本身归类为社会心理学的一个分支。

然而，从他的继承者的角度来看，索绪尔为发展反心理主义的符号学理论提供了资源。

anti-realism 反现实主义

彻底地拒绝现实主义；甚至更激进的是，拒绝那些引发问题的问题（或关注点），即我们的符号是否能准确地描绘或代表现实。

aperçu 概述；一览

法语单词，意为"一瞥""洞察""大纲"和"摘要"。有时用于表示论证或叙述的摘要或大纲。

aphasia 失语症

指使用或理解词汇能力的丧失或损伤，通常由大脑损伤引起。罗曼·雅各布森等语言学家研究了失语症，他们希望此类研究能揭示我们言语（*parole*）能力和语言（*langue*）性质的奥秘。

apodictic 绝对性

具有必然真理或绝对确定的特性。西方哲学的大部分都涉及对绝对确定性的探求。19世纪下半叶开始，这种探求受到质疑。人类探索者所能达到的最好境界就是可能的真理，即达不到绝对确定性。我们的有限性和易错性似乎永远无法触及柏拉图、亚里士多德、笛卡儿和黑格尔等人物所追求的真理或确定性。承认这一点并不意味着赞同怀疑论(skepticism);相反,它意味着采纳易谬主义(fallibilism)。

aporia 意义死角

希腊语单词,指在处理或发现某事物时的无能为力或困难。在哲学中,这个术语通常用于表示由信仰或信念带来的概念性或理论性困境。柏拉图的多篇对话以某个角色在苏格拉底盘问下变得束手无策而结束。在这些对话的结尾,某个角色承认或拒绝承认,他实在不知道他习惯于说或想的是什么。对于苏格拉底来说,承认无知是智慧的开始。对于查尔斯·桑德斯·皮尔斯来说也是如此,他认为"只有深深意识到自己的无知,才能促使人走上学习的艰难道路"(CP 5.583)。这种悲惨无知的感觉来自意义死角,来自那些我们最珍视的信念似乎常常导致的理论困境。参见"悖论"(antinomy)。

a posteriori 后验

指从经验中推导出来并因此依赖于经验的知识。先验(a priori,按:与之相反)指的是先于经验且独立于经验的知识。这两个术语常用于认识论讨论。

a priori 先验

指先于经验或独立于经验的事物。与之相对,"后验"指的是依赖于经验的事物。关于是否存在先验或先天观念,即我们与生俱来的而非从经验中获得的观念,这一问题从古代到当代一直存在争议。对于经验主义者来说,人的心灵在出生时是一块白板(*tabula rasa*);而对于理性主义者来说,我们既将观念带入经验中,也从经验中推导出观念。经验主义者和理性主义者之间的辩论是现代时期西方哲学的核心。在我们这个时代,语言学家诺姆·乔姆斯基曾极力主张,我们学习语言的过程清楚地证明了我们拥有先验或先天观念。

a priori method 先验方法

参见"合理性方法"(agreeableness to reason, method of)。

arbitrariness 任意性

指缺乏合理的理据或内在(或自然)的基础。任意性被认为是符号的本质特征之一。根据费尔迪南·德·索绪尔及其追随者的观点,符号是能指与所指之间的任意关联。例如,符号D-O-G与这些字母所表示的四条腿、毛茸茸的动物之间并没有内在的联系;它们之间只有任意的(或无动机的)联系。

当代符号学的两大主要传统在符号任意性的重要性上存在着截然不同的看法。对于根植于索绪尔符号学的研究传统来说,任意性是至关重要的;而对于根植于查尔斯·桑德斯·皮尔斯符号学的传统来说,则并非如此。对于索绪尔来说,符号是能指与所指之间的任意关联。这是对符号的一般定义,但它是基于以语言符号作为所有其他符号的范式或模型的。

这些关联的任意性需要考虑到语言本身的社会性质。正如索绪尔所指出的那样,"任意性"不应该被理解为能指的实际选择完全取决于个别说话者。任何实际使用的语言都是一套确定的任意关联,而个别说话者对此几乎没有或没有控制权。语言符号和其他符号的意义是由语言或符号系统规定的。在这里,我们看到了结构主义思想的一个独特强调(结构主义的根源在于索绪尔的语言学):强调系统作为一套约束,而自我作为创新的来源则被淡化,在极端情况下甚至被否认。

在整个思想史上,关于自然与约定俗成之间关系的问题一直占据中心位置。在西方文化的古代和中世纪时期,自然往往受到优待,而约定俗成则受到贬低(正如"仅仅是习俗性的"这一表达所示)。如今,这种平衡已经发生了戏剧性的转变。例如,大多数关于人性的呼吁都会立即受到质疑,甚至被粗暴地驳回,因为许多人认为所谓的"人性"只是一种社会建构(换句话说,是一组历史上形成并不断发展变化的习俗)。索绪尔和结构主义对符号任意性的强调,就是从自然(和往往是神圣的)命令向习俗性规定转变的一个典型例子。以前,人们常常认为自然和上帝所创造的东西是不能或不应该改变的;而如今,人们通常认为,人类在历史斗争中为了获得对自然和他人的主导权而设计的东西,是可以也应该受到质疑的,如果不是重新塑造的话。

如果语言本质上是一套任意关联,并且如果它(如索绪尔所认为的那样)在启发式上是所有其他符号系统应该理解的模式,那么它可能提供了一种揭露"神话"和"意识形态"本质的手段——这些是人类为了某些群体的利益而创造和维持的构造,不可避免地会对其他群体造成不利。因此(举一个著名的例子),当罗兰·巴特评论《巴黎竞赛画报》(Paris-Match)的封面照片时,照片中的一名穿着法国军装的非洲人在向法国国旗致敬,作为能指的这张照片不仅表示了这个姿势的人物,还暗示了"法国是一个拥有忠诚非洲裔公民在其军队中的伟大殖民帝国"等意义。在法国与阿尔及利亚的冲突期间,这样的信息显然是为继续殖民主义事业服务的。通过表示实际存在的事物(忠诚于法国帝国主义的非洲人),这张照片宣传了某种意识形态,并在某种意义上宣传了神话。正如巴特所指出的,"神话并不否认事物……[而是]净化它们":它"使它们变得无辜,给它们一个自然和永恒的正当理由"(强调部分)。

符号学不仅被理解为对符号现象的理论研究,更作为对我们实际符号实践的文化批评,通常旨在洞察这种表面上的"纯真",使那些至少可以争论的不公正和剥削性的实践中的"自然和永恒的正当化"成为问题。(例如,我们的文化中充斥的性感、顺从的女性形象。)

arche- 元;原;源

前缀,源自希腊语,既表示"源头",也表示"统治者"。因此,它传达了某物来自何处以及某物是如何被统治、调节或管理的意义。后现代思想的大部分内容都致力于质疑寻找符号的绝对起源或对意义的完全掌控的合法性。简而言之,它是无政府主义的。

archetypes 元型;原型;源型

一般来说,原型是一个原始的类型或样本,其他事物都是以此为基础来塑造的;在荣格心理学中,原型是一种根植于集体无意识的先天倾向或观念(如智者形象),可以表现为多种形式〔从亚瑟王传说中的梅林到《星球大战》(*Star Wars*)中的尤达〕。

受西格蒙德·弗洛伊德的很大影响,我们习惯于区分人类意识的清醒区域和无意识区域。在构想两者之间的关系时,有时会依赖空间隐喻,将意识表现为相对浅层的区域,而无意识则是深层、黑暗、潜在的区域,其中的力量可以向上爆发,偶尔达到表面(即进入意识,尽管是以伪装的形式)。但如此构想的无意识通常被认为是个人经历尤其是早期发生的创伤性经历的结果。

卡尔·荣格认为,除了个体无意识外,还存在集体无意识,这是人类心理的一个区域,铭刻着"观念",这些观念并非源于我们的个体经历,而是我们种族遗传的一部分:原型植根于人类种族的经历,而不是任何个体人类的经历。正如弗洛伊德精神分析的主要目标之一是让我们接触个体无意识中的某些关键因素,从而摆脱它们的衰弱影响,荣格心理学的主要目标也是让我们接触集体无意识。

荣格关于原型的概念,以及他思想中的其他部分,揭示了他对符号在我们个体和集体生活中所起作用的一种深刻而敏锐的认识。仅就这一点而言,他的工作对符号学具有重要意义。

arche-writing 元书写

雅克·德里达使用的术语,指称符号生成的过程。根据他的观点,符号是差异游戏留下的痕迹或铭文,元书写就是这种差异游戏本身。

传统上,人们认为口语是主要的,书面语是派生的。但是,根据德里达在《论文字学》(*Of Grammatology*)和其他著作中的观点,这种假定的等级制度助长了存在的形而上学(试图以某种形式的在场来定义存在),因此,它需要受到质疑。这一质疑的核心是德里达对将口语视为主要、书面语视为派生的等级制度的质疑。

符号并不是无生命的实体,等待着某种意识——无论是人类的还是神明的——来赋予它们生命。它们展现出自己的生命力。参见"代理"(agency)。符号本身具有一种活力,一种生长和复制自身的力量。如果我们从广义上理解写作,将其视为符号痕迹,这些痕迹的内在动力推动我们超越它们自身,那么写作就必须被视为原型或源泉。德里达在某些方面继承了黑格尔的辩证思想传统,他喜欢进行讽刺性的反转。在《精神现象学》(The Phenomenology of Spirit)中,黑格尔展示了主人如何依赖于自己的奴隶,并在某种程度上成为他们的奴隶;在《论文字学》中,德里达试图展示表面上派生的语言形式(写作)如何在实际上是主要的。参见"痕迹"(trace)、"写作"(writing)。

译者注:德里达在《论文字学》中的观点挑战了传统上认为的"口语优先于书面语"的观念,他提出书面语实际上具有更为基础和重要的地位。这一观点对符号学和语言学的研究产生了深远的影响,强调了书写和符号在传递意义和传承文化中的核心作用。同时,德里达的这种思考方式也体现了他作为一位辩证思想家的特点,即通过反传统观念来揭示其潜在的复杂性和多元性。

architectonic 建构学

伊曼努尔·康德使用的术语,后被查尔

斯·桑德斯·皮尔斯采纳,用来描述探究应该采取有系统的而非随意的方式。有人可能会提出,我们知道的还不够多,无法构建一个知识体系。但这种观点可能会受到反驳,理由正是因为我们知道得不够多,我们才需要一个体系——或者至少,我们需要系统地进行探究。在《纯粹理性批判》(*Critique of Pure Reason*)中,康德给出了这样的定义,"建构学,我理解为构建体系的艺术"(第 653 页)。由于科学知识的首要标志是其系统性,因此"建构学是我们知识中关于科学性的学说"。参见"科学性"(scientificity)。

architecture 建筑学;建筑符号学

指传递意义的手段,而非仅是提供庇护所的建筑艺术。很少有独具特色的人类活动或人造物只服务于一个目的或执行一种功能,它们通常是多功能的。衣服、汽车、房屋和城市各自以不同的方式说明了这一点。穿着这些衣服或驾驶这辆汽车时,一个人往往——也许总是——在表达自己的意见,尽管这不一定是有意识的。此外,我们的人工环境,从我们可以进行"微控制"的小角落(比如我们房子里的房间)到由于无数力量的汇聚而形成的广阔区域(比如社区和城市),真正表达了我们的生活,并反过来通过我们的生活表达自身。建筑符号学探索了人工环境提供表达方式的特定方式,以及这个环境本身作为一种表达力量,塑造我们行动、观看甚至感受的方式。这种探索与美学、空间符号学、动物符号学以及其他学科(有些在外观上明确是符号学的,有些则不是)密切相关。正如罗兰·巴特所指出的,当我们从对"城市语言"的隐喻性讨论转向致力于识别建筑符号和代码的分析性和系统性研究时,这种探索就变得认真起来了。

费尔迪南·德·索绪尔在他的《普通语言学教程》中,以及后来的路德维希·维特根斯坦在《哲学研究》(*Philosophical Investigations*)中,都将语言比作城市。在建筑符号学中,这种比较是颠倒的——由建筑物和其他人造物构成的城市被视为一种语言。

argument 议位;论证;论元

指一组陈述,其中一个或多个前提被提出,作为证据或支持另一个陈述(结论);任何倾向于产生信念的思维过程。

在查尔斯·桑德斯·皮尔斯的符号理论中,议位被确定为一种特定类型的符号。它是三元论（triad）或三分法（trichotomy）的一部分：呈位（rheme）、述位（dicent）、议位。这种三分法大致对应于更传统的概念（concept）、命题（proposition）、论证（argument）的区分。

译者注： 在语言学中，argument 通常指与动词具有语义角色关系的指称性表达，通常为名词性短语，称为论元，也称为主目。

argumentation 论证过程

查尔斯·桑德斯·皮尔斯使用的术语，用于指代形式化或明确表述的论证。"一个'论元'是任何倾向于产生明确信念的思维过程。一个'论证过程'是一个建立在明确阐述的前提之上的论证"（CP 6.456）。简言之，论证过程是一个形式化表述的论元。

Aristotle 亚里士多德（前 384—前 322）

古希腊哲学家和科学家。他在《解释篇》[*Peri hermeneias*，后来被译为拉丁文的《解释学》(*De interpretatione*)]中阐述道："口语符号是灵魂情感的象征，而书面标记[是]口语声音的象征。正如书面标记并非对所有人都相同，口语声音也非如此。但是，这些标记首先象征的——灵魂的情感——对所有人来说都是相同的；而这些情感所象征的——实际事物——也是相同的。"（引自 Noth 1990：906）他对后来中世纪思想——首先是阿拉伯思想，然后是欧洲思想——的巨大影响，确保了他在符号学历史上占据了一个重要地位。因为在这个时代，符号在逻辑的背景下得到了严谨而细致的研究。查尔斯·桑德斯·皮尔斯，这位将亚里士多德誉为人类最伟大智者的人，也建议其他人去阅读中世纪逻辑学家的"布满灰尘的卷册"。

articulation 切分；分节

源于拉丁语 *articulus*，意为"关节"或"划分"，在最广义上指任何分割或分段的过程。在语言学中，"切分"通常指的是双重的切分，据称这是人类语言的一个独特特征。

费尔迪南·德·索绪尔观察到，"应用于言语时，切分指的是将口语链划分为音节，或将意义链划分为有意义的单位"。在第一层次的切分中，一个话语单位或信息被划分为有意义的单位（通常被称为义素，语言学家安德烈·马丁内特称之为单体素——他通常被认为制定了双重切分的原理）；在第二层次，它被划分为可以区分但无意义的声音（音素）。在书面语言中，字素(字母)是对应于口语中音素的单位。

语言与切分之间的联系自古以来就引发了一个疑问,即我们是否能够在不扭曲或歪曲现实的情况下谈论现实。在意义层面,切分涉及将现实划分为各种类别或种类。然而,在东西方思想史早期,就出现了一个问题,即我们所做的划分——我们所认识或构建的类别——是否真正对应于世界的存在方式。有时人们认为,现实本身是连续的或不可分割的。因此,任何对现实的切分或分割在原则上都是一种扭曲,甚至可能是一种暴力行为。在其他时候,人们只是认为,无法确定我们对世界的划分是否与世界实际的结构或分割方式相对应。

分类方案只是有用的虚构吗?还是它们有现实基础?怀疑论者(skeptics)和唯名论者(nominalists)认为,我们的分类反映了我们的目的和视角,而不是现实的轮廓和特征。相比之下,实在论者(realists)坚持认为,我们对现实的一些分类之所以有用,正是因为它们按照现实实际被分割的方式来分割现实。一张地图如果与其所声称描绘的地形没有任何对应关系,那么它在原则上就无法履行地图的功能。并非所有的构造都是虚构:我们所构建的一些理论和分类是或多或少可靠的世界导航图。这似乎意味着它们在一定程度上与世界相对应。至少,这是皮尔斯式和其他形式的实在论的核心主张。

assertion 断言

指将某个命题提出来,就像它是确证的。也就是说,就好像它值得被接受或相信。断言一个命题意味着如果它最终被证明是假的,就要承担责任。查尔斯·桑德斯·皮尔斯甚至进一步提出,断言"是展现这样一个事实的行为,即一个人所断言的命题如果是不真实的,那么他将使自己承受身为说谎者应受的惩罚"(SS 1977:34)。

assertory 断言性的

查尔斯·桑德斯·皮尔斯使用的术语,用来指称一个符号具有断言的性质或状态的事实。

皮尔斯认为,"大多数语言中的普通词汇都是断言性的。它们一旦以任何方式附着于任何对象上,就会进行断言。如果你在箱子上写上'玻璃',人们就会理解为箱子里装有玻璃"(CP 4.56)。

associative 联想关系

今常用术语"聚合关系"(paradigmatic)的同义词。联想关系和聚合关系是用来描述话语中词汇或术语之间关系的一种方式,而组合关系(syntagmatic)则用来描述这些术语之间的对比关系[参见"轴线"(axis)]。一个话语的意义是聚合和组合关系的函数。在一个话语中,术语是串联在一起的。这些术语在语法上是相互关联的。但是,在将这些术语以这种方式串联在一起时,会做出选择:某些其他术语没有被选中,尽管它们可能是合理或可理解的。这些替代术语与话语中实际使用的术语具有联想或聚合关系。实际使用的术语具有一系列的联想关系,这些联想关系有助于话语意义的形成。

"联想关系"是索绪尔与"组合关系"相对立使用的术语。由于语言学力图摆脱索绪尔经常使用的心理学术语[参见"唯心主义"(mentalism)],因此"联想"这一术语被"聚合"所取代。

译者注:简言之,"联想"(或"聚合")和"组合"是描述语言中词汇关系的两种主要方式。联想关系强调词汇之间的选择性和替代性,而组合关系则关注词汇在线性序列中的结合关系。这两种关系共同作用于语言的意义生成过程。

Aufhebung 扬弃

德语单词,意为对立面的和解、调解的时刻或阶段、辩证过程的顶点。参见"辩证法"(dialectic)。

Aufklärung 启蒙

德语单词。

译者注: 在符号学或更广泛的文化语境中,通常指18世纪欧洲的一场思想运动,旨在通过理性、科学和批判性思维来反对迷信、权威和传统观念,提倡个人自由、平等和民主。这场运动对欧洲乃至世界的历史产生了深远的影响。

aural 听觉的

与耳朵或听觉有关。口语是一种听觉符号:它们之所以成为符号,是因为它们能被听见或可闻。相比之下,本页的文字是视觉符号——它们之所以成为符号,是因为它们能被看见或可见。盲文是一种触觉符号系统——比如,A和B之间的差异可以通过触摸来辨别。

Austin, John Langshaw 约翰·兰肖·奥斯丁 (1911—1960)

一位有影响力的哲学家,1952—1960年在牛津大学任教。他的主要著作有《哲学论文集》(*Philosophical Papers*, 1961)、《感觉与可感物》(*Sense and Sensibilia*, 1962)和《如何以言行事》(*How to Do Things with Words*, 1962)。他对"言内之力"(locutionary force)、"言外之力"(illocutionary force)、"言后之力"(perlocutionary force)的阐述,有助于符号学研究者更清晰地看到我们语言实践(即我们使用语言的方式)的一些重要特征。更广泛地说,他的工作促成了英美哲学中所谓的"语言学转向"。虽然奥斯丁被合理地归类为日常语言哲学家(即那些认为通过仔细研究我们日常说话的方式,可以最好地解决,甚至在很多情况下"消解"传统哲学问题的哲学家),但他自己认为,对语言的关注最终是从属于其他事物的,"当我们审视何时该说什么,在什么情况下该使用什么词语时,我们关注的不仅仅是词语(或"意义",无论那是什么),还有我们用这些词语来谈论的现实:我们正在利用对词语的敏锐意识来增强我们对现象的认识,尽管它并不是最终的裁决者"(1961:182)。因此,在解决哲学问题时,我们应该意识到"日常语言并不是最终答案(不是最终裁决者):原则上,它可以在任何地方得到补充、改进和取代。但请记住,它是一个'起点'"(1961:185)。

author, death of the 作者的死亡

这一短语表明文学批评家和理论家对文本的关注发生了深刻的转变。它指向批评和理论关注点的转移,即从作者转向文本以及文本产生或生成的机制。

在当代许多文学理论和批评中,重点已经从将文本视为作者思想、态度、价值观等的表达,转变为将文本视为读者通过解读行为从中争夺意义的场所。近年来,对读者在赋予文本符号以意义方面所起作用的强调,有时被推向了否认作者或作家(文本的实际创作者)的任何权威或重要性的地步。在阅读文本时,我们并不是在探索作者的内心世界。文本(text),正如这个词本身所暗示的那样,是由符号编织而成的东西(源自拉丁语 *texere*,意为编织);但是,这个通常由复杂的且永远未完成的符号编织而成的图案,实际上是读者的作品,而不是作者的作品。事实上,罗兰·巴特在一篇题为《作者的死亡》(*The Death of the Author*)的著名论文中总结道:"读者的诞生必须以作者的死亡为代价。"(1977:148; cf. Foucault)

在文学理论和批评中,关于如何认识作家

和作品相对于作者-读者的权利的问题,一直存在争议。一方面,将文本的意义定义为所谓的"作者意图"(在这里更恰当地称为作家意图)似乎是不妥的。这种定义既夸大了撰写实际文字的历史主体(有血有肉的人)的权威,又忽视了作品本身所真正具有的自主性。另一方面,否认解读存在局限性,进而否认作家的生活或明确意图与理解文学作品的相关性,似乎也是错误的。例如,人们可以在了解弗吉尼亚·伍尔夫是性虐待受害者的背景下阅读她的作品,但不必将这些作品简化为心理传记代码。同样,人们也可以在了解亨利·詹姆斯对自己这一体裁的明确声明的基础上阅读他的小说,而不必将这些小说简化为作家文学理论的简单例证。文学中所包含的内容超出了作家的想象,但他们的梦想、生活和目标却是发现文学深层含义的宝贵资源。可以假设,作家并非白痴天才,他们或多或少地知道自己在创作什么。读者与作家共同成为作品的合著者,揭示出远远超越作家有意识意图或刻意设计的意义和深度。

对读者角色的认识和颂扬是当代文学理论和批评的一个独特重点。正如特里·伊格尔顿所指出的,"我们可以粗略地将现代文学理论的历史划分为三个阶段:关注实际的历史作家

(浪漫主义和19世纪);专注于文本(新批评主义);近年来明显地将注意力转向读者。读者在这三者中一直是最不受重视的——奇怪的是,因为没有读者,文学文本根本就不会存在"(1983:74)。但值得注意的是,1991年,翁贝托·艾柯认为,"在过去的几十年里,对诠释者权利的强调过度了"(1991:6)。任何传播行为(包括阅读文学文本或解读艺术作品)中都有发信者和收信者,两者不可或缺,都有各自的权利和责任。但是,阅读真的是一场生死斗争,只有通过摧毁(作者-)作家的所有痕迹,作者-读者的权利才能获胜吗?还是说,它其实是一种令人兴奋但又困难重重的艺术,需要合作来解读文本?在这种合作努力中,仅仅因为过去(作者-)作家声称(或被迫拥有)绝对主权就将他们排除在外,这是否公平?最初,阅读的民主化可能需要处决一个根深蒂固的贵族阶层(即"作者"或"作家");然而这个过程的结果应该是包容性的,拒绝任意将任何相关方排除在意义生成过程之外。因此,作者的重生不必对读者构成任何威胁。

author's intention or authorial intention 作者意图或作者原意

通常用来表示文本的意义主要局限于作者

所意图的内容。威廉·威姆萨特和门罗·比尔兹利在《意图谬误》(*The Intentional Fallacy*)一书中,作为所谓新批评学派的重要宣言,对这一观点进行了有力的批判。而近年来,E. D. 赫希则试图重新评估并恢复作者意图这一概念。

authority, method of 权威的方法

查尔斯·桑德斯·皮尔斯提出,用于界定试图确立或固定信念的四种可能方式之一,特别是通过诉诸某些社会公认的权威来达成的方法。

皮尔斯认为,信念是行动的习惯。当这些习惯受到干扰时,就会产生怀疑,而在努力克服怀疑并固定信念的过程中,就会产生探究(或调查)。克服怀疑的一种方法是诉诸某个人或社区的权威。这本质上就是权威的方法。然而,这种方法注定会失败,因为即使在最受祭司或警察控制的社会中,也会有人获得"更广泛的社会意识"(CP 5.381),这种意识驱使他们去参考其他国家或时代的人们的经验和反思。虽然固定信念是我们作为社区成员所做的事情,但没有哪个实际社区能够作为最终的仲裁者。皮尔斯在呼吁社区作为固定信念的方式时,他所指的是一个无限或理想的社区在长期内所能达到的状态,而不是某个基于有限经验的历史群体所信仰的内容。因此,他坚持认为"如果一个人的经验是孤立的,那么它就什么也不是。如果他看到了别人看不到的东西,我们称之为幻觉。我们必须考虑的是'我们的'经验,而不是'我的'经验,而这个'我们'有着无限的可能性"(CP 5.402n2)。任何比这个"我们"更狭隘的群体都不被认为有理性地固定信念的权威。

auto- 自我;自动

英语中的常见前缀(源自希腊语),意为"自我"或"自动"(例如,autodidacts 指自学成才的人,即自我教育者)。与之相对,heter-或 hetero-也是一个常见的英语前缀,意为"异"或"不同的"(如 heterosexual,指被异性吸引的人)。

autocriticism, autocritique 自我批评

指对自我进行的批判性反思。参见"异体批评"(heterocriticism)。根据朱莉娅·克里斯蒂娃和其他当代符号学家的观点,自我批评是符号学探究的一个显著特征。在符号学研究的生产或执行过程中,每一个阶段都迫使(用克里

斯蒂娃的话来说)研究者去"思考其研究对象、研究工具以及它们之间的关系"。这使得符号学成为一种"开放的研究形式,一种不断进行自我反思和自我批判的研究"。

译者注：自我批评在符号学中尤为重要，因为它要求研究者不仅关注外部世界和文本，还要审视自己的研究过程、假设和方法，以确保研究的公正性、准确性和深度。通过自我批评，符号学家能够不断地改进和完善自己的研究方法，从而提高研究的可信度和有效性。

与 autocriticism 相对的是 heterocriticism（异体批评或他者批评），指的是来自外部或他者的批评和审视。然而，在符号学研究中，自我批评与他者批评并不是相互排斥的，而是相辅相成的。通过结合自我批评和他者批评，符号学家能够更全面地审视自己的研究，从而推动符号学领域的进步和发展。

autogenesis 自然发生

自我生成或自我起源的过程。在这个过程中，某物是由其自身产生的，而不是由外部因素或力量所产生的。

译者注：这个概念强调了一种内在的力量或能力，能够驱动事物自行产生和发展，不需要外部干预。在生物学、哲学、心理学等多个领域,"自然发生"都是一个重要概念,用于解释某些现象或过程的本质。

autonomy 自主性

这个词在不同层面有不同的含义。在某个层面,它指的是自由;在另一个较为特殊且具体的层面,它指的是文学作品或更广泛地说,符号系统的一种独特属性——即自我指涉性。罗曼·雅各布森和其他学者使用这个词来指称文学作品的自我指涉特性。此外,自名性(autonymy)和自我反射性(autoreflexivity)也被用来描述这一特征。这类作品的功能不是指向它们自身之外的事物(如阶级斗争),而是揭示语言,特别是文学语言的结构和机制。实际上,任何试图让文学作品指向文学之外的现实的做法,都会破坏作品的完整性。然而,坚持认为自主性、自名性或自我反射性定义了文学文本的观点,受到了马克思主义者和其他语境主义者的强烈质疑。

译者注: 这些理论家认为,文学作品是社会、历史和文化背景的产物,它们不可避免地会受到这些外部因素的影响和塑造。因此,将文学作品视为完全自主、自我指涉的实体,可能忽视了它们与更广泛社会现实之间的复杂联系。尽管如此,自主性作为文学作品的一个重要特征,仍然被广泛讨论和研究,因为它有助于我们更深入地理解文学作品的内在逻辑和美学价值。

autotelic 自我指向的

源自希腊语 *auto-*(自我)和 *telos*(目标或终点)。指一个过程或实践除了其本身以外没有其他功能或目标。如果你我仅仅为了交谈的过程而交谈,拒绝将这种愉快的交流置于任何外部目标之下,那么我们的对话就是自我指向的。这个术语通常用于描述语言的诗意运用,以及更广泛地,描述任何媒介的艺术性运用。因此,罗曼·雅各布森认为,审美信息[以一个富有意义的例子来说,即阿奇博尔德·麦克利什的诗作《诗艺》(*Ars Poetica*)]除了其本身以外没有其他功能——也就是说,除了它利用和探索某种媒介(在《诗艺》的情况下是语言)所固有的可能性之外。

auxiliant 辅助者

最终由 A. J. 格雷马斯使用的术语,指通过分析叙事来简化他原先列出的六个行为主体

(主体与客体,发送者与接受者,助手与对手)的简化分析单位。最近,格雷马斯进一步将助手与对手归类为辅助者。

axiology 价值论

研究价值的学科。形容词"价值论的"可能指的是与价值研究有关的内容,或者更宽泛地说,指的是价值本身。

axiom 公理

在传统逻辑和数学中,指一个不可证明的但确定的命题。公理的真实性通常被认为是自明的(通过自身而知),而非通过其他命题的真实性而知。在理解"整体大于部分"这一命题的意义时,我们也理解了它的真实性。虽然公理作为一个命题,其真实性不是从其他命题的真实性中推导出来的,但它本身是一个从中推导出其他真理的命题。参见"公设"(postulate)。

axis 轴线

一个物体或几何图形围绕其旋转或假定围绕其旋转的线;更一般地说,是某物围绕或沿其移动或可能位于其上的线。

在小学时,我们学会了想象地球绕其轴线

旋转,这条想象中的线有助于我们理解地球既绕太阳旋转又绕自身旋转的方式。在符号学中,组合关系和聚合关系(或联想关系)的不同性质通常被描绘在两个不同的轴线上。组合关系发生在给定话语中的各个能指之间;这些是线性、时间顺序的一部分,其中此刻听到的能指取代了刚才听到的能指,并且反过来又会被即将听到的能指所取代。这个序列被认为是在水平轴线上移动的。通常在相交的垂直轴线上描绘的关系是费尔迪南·德·索绪尔所说的联想关系,现在更常被称为聚合关系。这些关系发生在所使用的能指与可能替代它的其他能指之间。这些关系本身并不随时间发生;在任何时刻,它们都构成了一个超越或伴随实际使用的能指的可能性阵列。正如想象地球绕其想象中的轴线旋转是有用的,考虑话语在两个不同但相交的轴线上移动(或位于其上)也是有益的。

B b

Bakhtin, Mikhail 米哈伊尔·巴赫金（1895—1975）

俄国哲学家和文学理论家。其著作涉及多个学科（语言学、人类学、哲学、文学理论和批评）。巴赫金的作者身份对侦探来说是个难题，因为他和其他人声称他以同事的名义出版了最初由他撰写的作品。在他的著作中，无论是否无可争议，都体现了一种对语言和文学的对话性方法。

Barthes, Roland 罗兰·巴特（1915—1980）

法国著名的符号学家、散文家、文学和文化评论家。其生动而引人入胜的著作为记号学（或符号学）引入美国做出重要贡献。他的书籍和文章对理解（用费尔迪南·德·索绪尔的名言来说）"社会中符号的生命"做出了重要且多样的贡献。他的著作包括《写作的零度》（*Writing Degree Zero*, 1953）、《神话学》（*Mythologies*, 1957）、《批评文集》（*Critical Essays*, 1964）、

《符号学原理》(*Elements of Semiology*, 1964)、《时尚体系》(*The Fashion System*, 1967)、《S/Z》(1970)、《文本的愉悦》(*The Pleasure of the Text*, 1973)、《图像-音乐-文本》(*Image-Music-Text*, 1977)以及《符号学的挑战》(*The Semiotic Challenge*, 1985)。

巴特思想的一个中心特征是他采用并使用了路易斯·叶尔姆斯列夫的内涵概念来探索广泛的符号学现象,包括大众媒体、流行文化、风格、时尚、文学和摄影。他方法的另一个重要方面是他致力于仔细识别构成文学文本的各种代码。他认为,"资产阶级社会及其所产生的大众文化的特征是拒绝声明其代码:两者都需要那些看起来不像是符号的符号"(Barthes 1982: 287)。巴特的任务是揭露这些代码,并在某种意义上,通过展示它们是如何运作的来摧毁这些不出风头的符号的力量。他的关注点在于通过解构那些在很大程度上是潜意识的、因此也是强大的"神话"来消除神秘感,这些"神话"是控制者维持其社会权威的手段。他思想的另一个有影响力的方面是区分了"读者式"(*lisible*)和"作者式"(*scriptible*)文本。"读者式"文本留给读者的"只有可怜的自由,要么接受文本,要么拒绝文本":它们是待消费的对象,而不是待编织的织物。相反,"作者式"文本则明确或有效地邀请读者扮演作者或合著者的角色。与"作者式"和"读者式"文本的这一区别相平行的是巴特对"写者"(*scripteur*,*écrivant*)和"作者"(*écrivain*)的区分。

巴特研究符号,并不是将符号作为一门可能转变为科学的学科,而是作为文化批评的工具。许多其他符号研究者也是如此。

Bedeutung 指称

德语单词,通常译为"指称",以区别于"意义"或"含义"(*Sinn*)。以戈特洛布·弗雷格的著名例子来说,"晨星"和"晚星"具有相同的指称,因为它们都指的是金星,但这两个表达在意义或含义上是有区别的。

在符号学和其他无数研究领域(如语言学和哲学)中,"意义"这个词经常引起不小的混淆。它经常被用来涵盖词语、表达或断言的指称和含义;但也可以在更狭义上使用,仅指含义或内容,与指称相对。

译者注:在符号学和语言学中,"指称"通常指的是符号(如词语、图像、声音等)所代表或指向的外部世界中的对象、事件或概念。而"含义"则更侧重于符号在特定语境中所传达的信息或思想内容。例如,在弗雷格的例子中,"晨星"和"晚星"虽然指称相同(都是金星),但它们在特定语境中的含义可能有所不同,因为人们可能根据观察到的时间(早晨或晚上)来赋予这两个表达不同的含义或联想。因此,在理解和运用符号时,区分指称和含义是非常重要的。这有助于我们更准确地理解符号所传达的信息,以及符号在特定语境中的功能和作用。

behaviorism 行为主义

心理学理论,强调:(1)行为中可公开观察和量化的维度;(2)环境在决定行为中的作用;(3)教养(后天所学)相对于天性(天生或遗传)的重要性。这一心理学理论最具影响力的倡导者 B. F. 斯金纳撰写了《言语行为》(*Verbal Behavior*),他在书中试图完全从行为主义的角度来解释语言的习得和使用。然而,语言学家诺姆·乔姆斯基和文学人物沃克·珀西以截然不同的方式抨击了斯金纳试图用这种方式解释语言的尝试。乔姆斯基强调人类语言使用者的先天能力,而珀西(追随查尔斯·桑德斯·皮尔斯)则强调人类符号活动的三元性特征。对珀西而言,像斯金纳那样仅仅识别可公开观察到的刺激和刺激反应的双元(两元)语言解释是不足的。由于符号活动本质上是三元的,因此这种还原论是误导性的:它非但没有解释符号的运作,反而通过声称这里除了刺激和反应之间的合法相关性之外没有什么可解释的,从而回避了这一现象。但在珀西看来,任何将人类言语与鸽子啄食相提并论的理论,都显示出对其试图全面解释的复杂现实(此处指人类语言)的贫乏理解。

译者注:简而言之,行为主义在解释语言时过于简化了人类语言的复杂性和多元性,忽视了语言习得和使用的内在机制以及符号活动的三元性特征。而乔姆斯基和珀西等学者则强调语言习得和使用的复杂性和多样性,以及符号活动的三元性在解释语言现象中的重要性。

behaviorist theory of meaning 行为主义意义理论

一种尝试以生物体与其环境相互作用的行为来解释意义的方法。这个环境包括同种类的其他生物体;根据行为主义理论,同种类生物体之间的相互作用是意义的所在。从其主要意义上看,意义并不是在孤立意识的私人思想、图像等中遇到的,而是在环境生物体的公共行为和反应中遇到的。

行为主义意义理论旨在挑战心理主义理论（即尝试从心灵或意识的内容或运作来解释意义）。该理论的一个严重困难在于它无法解释——或者最多只能笨拙地解释——在没有行为的情况下发生的理解这一常见情况：解释者显然理解了某个意义，但这种理解并没有促使解释者产生任何行为反应。因此，似乎意义不能仅仅等同于行为。查尔斯·桑德斯·皮尔斯，特别是路德维希·维特根斯坦在揭示意义的公共性或主体间性特征方面产生了重要影响。

being 存在

一个极其通用的术语，用于指代任何事物，无论其以何种方式存在；指某物存在的状态，而非无物。存在的本质和形式一直是西方思想家关注的核心。关于存在与表征之间关系的问题（即事物自身的存在方式与它们通过符号被表征的方式之间的关系）显然属于符号学的范畴。参见"现象"（phenomenon）、"现实性"（actuality）、"现实"（reality）。

belief 信念

一般而言，是对一个命题真实性的有意识

认同。在查尔斯·桑德斯·皮尔斯的理论中，信念是指在特定情况下以特定方式行事的倾向［参见"习惯"（habit）］，是一个人准备采取行动的依据。

知识有时是根据信念来定义的（在一个被广泛讨论的定义中，作为经过证实的真实信念）。但信念也与知识形成对比：信念是指基于另一个人的证词或权威而对一个命题真实性的认同，而知识则是指基于第一手经验或自己的理性洞察力而对一个命题真实性的认同。如果一个人无法跟随一个复杂的论证，但由于对支持该结论的思想家的信任而接受其结论，那么这个人就相信该结论的真实性。如果一个人能够跟随该论证并判断其有效，那么这个人就知道这一真相，因为他自己的理性洞察力——而不是对他人能力的信任——是认同这一真相的基础。

对于皮尔斯来说，信念的定义不是基于意识，而是基于行动的习惯。怀疑源于信念的破裂，进而产生探究，以克服怀疑。以这种方式来构想信念、怀疑和探究，挑战了将它们置于与世界分离的头脑或意识中的根深蒂固的倾向。信念、怀疑和探究需要参照具体的、处于特定位置的行动者的生活来理解，而不是参照无实体的、超然的心灵［参见"我思"（*cogito*）］。实用主义很自然地从这种对信念的定义中产生出来。

Benveniste, Émile 埃米尔·本维尼斯特（1902—1976）

法国语言学家。其最重要的著作是《普通语言学问题》（*Problems in General Linguistics*, 1966）。他对符号学的贡献包括展示了语言如何无法与话语或主观性相分离。因此，在本维尼斯特的语言学中，我们遇到了对费尔迪南·德·索绪尔计划的一个重要挑战，即抽象地研究语言（*langue*）而不考虑言语（*parole*，即口语或话语）和个别说话者或主体。对本维尼斯特而言，只有通过语言并在语言中，我们才能作为主体构成自身。这一观点表明他的思想与雅克·拉康、朱莉娅·克里斯蒂娃和露西·伊利加雷等思想家的思想有相似之处。

Besprochen Welt 被讨论或被评论的世界

哈拉尔德·温里奇使用的德语表达，与"被叙述的世界"（*Erzahlten Welt*）相对。发话者和受话者直接参与"被讨论或被评论的世界"，它是政治备忘录、批判性论文、抒情诗和科学报告的文本世界。相比之下，"被叙述的世界"则是一个发话者和受话者不在或至少看起来不在同一世界中共存的世界。

binarism 二元论

根据对立双方及其集合体的观点看待话题或现象(甚至是复杂的)的倾向。参见"二元对立"(binary opposition)。

binary code 二进制代码

基于两种基本信号的代码(或相关集合),例如莫尔斯电码的点划或正负电脉冲。因此,二值化是将一种代码的基本信号(例如英文字母表中的字母)转换为二进制代码的基本信号(A=00000;B=00001;C=00010;等等)的过程。这种转换所需的信息量(即二进制代码中的单位数)以"比特"为单位描述。将英文字母表中的26个字母转换为二进制代码需要5个比特的信息量。

binary opposition 二元对立

两种事物的对立;两种事物相互对立的状态或过程。二元对立通常被理解为一对术语,其中一个术语具有优先地位(例如,在西方文化的男根中心话语中,男性和女性的对立)。

对立(如拉丁语前缀 *op-* 所示,意为"反对")

是两种事物相互对立的关系。但即使这种简单的描述也可能具有误导性,因为它可能暗示两个自成一体、自我定义的实体相互碰撞或相互施压。然而,在结构主义甚至其他方法中,正是通过对立,某些事物的身份才得以形成。这正是费尔迪南·德·索绪尔所说的"语言中只有差异[或对立]"。更重要的是,尽管一般来说,差异预设了彼此之间存在差异(或发生对立)的积极术语,但在语言中,只有差异,"而没有积极术语"。

对于语言和其他类型符号的研究,对立,特别是二元对立,是非常重要的。这种对立使得表达成为可能,进而产生意义(即符号和意义的生成过程)。一个事物只有与其他事物相对立,才能脱颖而出;而只有脱颖而出,一个事物才能与其他事物区分开来。简而言之,对立使得区分成为可能,而区分又使得表达成为可能。以这一页上的单词为例。在最基本的层面上,它们通过与页面本身的对比而获得了可识别的符号地位。与页面颜色相同的墨水将毫无用处,因为用这样的墨水做的标记根本不会突出。与对比鲜明的页面相对的标记(在格式塔心理学的语言中)是地面上的图形。在这个层面之上,是标记之间的区分。这种区分在很大程度上,如果不是完全的话,也依赖于一系列复杂的二元对立。这在听觉符号方面最容易理解。音素/pin/与/tin/的区别仅在于初始辅音的发音(/p/和/t/之间的对比或对立)。

二元对立经常被构想为等级关系,其中一对中的一个成员被认为比另一个更高级或更有价值。在西方思想中,一些重要的二元对立包括:物质/精神;身体/灵魂;情感/理性;外在标志/内在意义;外部/内部;表面/深度;边缘/中心;外观/现实;表象/存在;人工/自然(nomos/physis)。传统上,每对中的第二个术语都被赋予特权,而第一个术语则被贬低(物质低于精神,身体低于灵魂,情感低于理性等)。解构是当代文学和哲学批评中的一个重要趋势,它挑战了许多(如果不是全部)这些传统的等级制度。解构批评的一个重点是,没有中立的立场来发起这样的批评,以挑战哲学、神学、文学等传统话语中严格固定的等级制度。这样的批评只能在由这些等级制度定义的话语和语言本身中发起和维持。换句话说,解构主义批评家自己总是已经卷入他们所挑战的结构之中。例如,试图将焦点从传统上的中心转移到边缘或外围(例如,从将文学视为反映人类社会的镜子,到将文学视为一种纹理丰富的织物,在不断编织和解构的过程中)在某些方面强化了传统的中心/边缘等级制度。参见"二元论"(dualism)。

biosemiosis 生物符号行为

源自 *bio-*(生命)和 *semiosis*(符号行为)。指生物体中的符号过程。该术语涵盖人类符号学、动物符号学,以及(至少可以想象的)植物符号学。

biosemiotics 生物符号学

研究生物圈或生物界中的符号过程。它包括人类符号学、动物符号学以及(一些符号学家的观点)植物符号学。

bit 比特

信息论中的技术术语,指信息测量的基本单位,即需要多少二进制代码的基本信号来转换更复杂代码的基本单位(例如:英文字母表)。英文字母表可以转换成二进制代码,每个字母不超过五个比特的信息量(例如:A=00000;B=00001;C=00010;D=00011;E=00100;等等)。

bliss (*jouissance*), texts of "极乐"文本

罗兰·巴特识别的一种文本类型,与"愉悦

(*plaisir*)文本"相对。愉悦文本是"令人满足、充实、带来欣快感的文本；它源自文化且不与文化相悖，与舒适的阅读习惯相关联"。相反，极乐文本则是"强加一个失落状态的文本，它使人不快（或许达到某种无聊的程度），动摇读者的历史、文化和心理假设，颠覆其品味、价值观和记忆的连贯性，使其与语言的关系陷入危机"（1973/1975：14）。愉悦文本是供消费的对象，而极乐文本则像是与之发生性爱的人。

巴特提出这一区分的目的是要表明，当文本得到正确解读时，阅读既具有色情性也具有政治性。阅读类似于引诱、前戏甚至高潮。他使用"极乐"一词，是因为（除其他事物外）它象征着人们在高潮时所经历的极乐状态。阅读也涉及越轨、反叛和蔑视。在20世纪60年代末和70年代初反叛精神的影响下，巴特宣称"文本是（或应该是）那个向政治父亲展示其背后的不羁之人"（1973/1975：53）。阅读的色情性要求读者为了文本本身的独特"质感"而体验它，这种活动推动读者走向极乐，但在此过程中也使他们面临色情所固有的所有风险。阅读的政治性则需要读者有勇气向控制意义和包装信息的制度化权威做出一个或另一个淫秽的手势。

bricolage 拼凑

结构主义人类学家克劳德·列维-斯特劳斯提出的术语,用于描述所谓野蛮或原始心灵如何面向世界,特别是面向自然物体和事件以及社会生物和它们之间的互动。这种方式的独特之处在于它依赖于即兴(或临时)和权宜之计的回应,以及远距离的类比(例如图腾制度)。这些类比让"文明"心灵(受文字和技术塑造的心灵)觉得既牵强又遥远。但这种判断很可能只是为未理解非文字、非技术文化在面对生活中遇到的对象和事件时所固有的逻辑找借口。临时的修补匠或杂工(即拼凑者)的方法并不比受过高度训练的工程师的方法更缺乏逻辑性或合理性。列维-斯特劳斯并不想谴责或摒弃"原始"文化所体现的方法,而是想解释这种方法。他对拼凑的概念以及基于拼凑者形象的理解是这项工作的核心。

bricoleur 拼凑者

修补匠;杂工。结构主义人类学家克劳德·列维-斯特劳斯从杂工工作的特征方式中,构思出了他重要且有影响力的拼凑概念。这种方式主要涉及对这个和那个进行修补,不太关心整体的一致性,但非常关注一些即时情况。

它还涉及使用可用的任何材料和工具。简而言之,这种方式是权宜之计的。它与高度专业化的工程师的特征工作方式形成了鲜明对比,因为这类技术专家经常设计特殊工具并创造新材料作为他们工作的一部分(例如,建造航天飞机)。"原始"人的思维方式更像是一个拼凑者,而"文明"人(受文字和技术塑造的人)的思维方式则更像是一个工程师。这并不是说"原始"人不合逻辑或不合理,而是说他们的逻辑(或理性形式)最好不要根据工程师的方式,而是根据拼凑者的操作方法来构想。

Buchler, Justus 胡斯托斯·布赫勒(1914—1991)

美国当代哲学家。他阐述了关于人类判断的一般理论,该理论对符号学研究具有直接但仍被广泛忽视的相关性。他区分了三种判断模式——断言性、积极性和展示性,并对艺术特别是诗歌作为一种展示性判断形式进行了探索,这些都值得我们认真对待。他对于意义、交流和询问等话题的严谨而细致的讨论也同样值得我们关注。与此最相关的著作标题包括《查尔斯·皮尔斯的经验主义》(*Charles Peirce's Empiricism*,1939)、《自然与判断》(*Nature and Judgment*,1955)、《走向人类判断的一般理论》(*Toward a General Theory of Human Judgment*,1951;1979 年修订版)、《方法的概念》(*The Concept of Method*,1961)以及《光之主:论诗歌的概念》(*The Main of Light: On the Concept of Poetry*,1974)。

Bühler, Karl 卡尔·布勒(1879—1963)

德国心理学家,对语言和表达给予了相当大的关注。他的具体贡献之一是"支配性原则",该原则指出,虽然每个信息可能具有多种功能,但通常只有一种功能占主导地位。他的研究成果可以在《表达理论》(*Ausdruckstheorie*,1933)和《语言理论》(*Sprachtheorie*,1935)中找到。尽管查尔斯·桑德斯·皮尔斯仔细地将符号的一般理论与心理学区分开来,但他鼓励心理学家研究人类的造符和用符功能。

译者注:这一观点体现了符号学与心理学之间的紧密联系,尽管它们的研究方法和关注点有所不同,但都在探讨人类如何通过符号进行交流和理解世界。

Cc

CA. conversation analysis 会话分析

译者注：这是一个专门研究人际交流中对话形式的学派。

canon 标准；规范

指一系列被公认为具有权威性或典范性的著作。如今，关于如何确立、维护和修订经典作品存在着重要的争议。

Cartesian 笛卡儿的，Cartesianism 笛卡儿主义

源自 *Cartesius*，即"笛卡儿"(Descartes)的拉丁语形式；与现代早期法国哲学家勒内·笛卡儿的哲学思想有关，其著作展现了对中世纪思想的自觉反叛。"笛卡儿的"一词通常被更广泛地用来指代那些致力于主体性首要地位、或追求绝对确定性、或直观知识、或这些追求中任何组合的人的立场。

笛卡儿被许多人视为现代哲学的奠基人。正如理查德·J. 伯恩斯坦所指出的，这个称号最好从弗洛伊德的角度来理解。因为从一开始,他的"儿子们"就一直在试图推翻他。这在查尔斯·桑德斯·皮尔斯的案例中尤为明显。他的哲学创作几乎始于对笛卡儿的批判。在19世纪60年代末发表的一系列文章中,皮尔斯一举攻击了笛卡儿主义,并为他的一般符号学理论奠定了基础。特别是,他驳斥了直观知识[参见"直观知识"(immediate knowledge)、"直觉"(intuition)]的教义,以及孤立个体或意识(笛卡儿的"我思")的权威性。根据皮尔斯的观点,所有知识都是通过符号来传递的;此外,知识的获取不是通过退缩到自己的意识中,而是通过参与共同探究的激烈过程来实现的。参见"对话主义"(dialogism)、"主体间性"(intersubjectivity)、"主观性的首要性"(subjectivity, primacy of)。

Cassirer, Ernst 恩斯特·卡西尔(1874—1945)

德国哲学家,曾在柏林大学、汉堡大学、牛津大学、耶鲁大学和哥伦比亚大学等多所大学任教。《语言与神话》(*Language and Myth*, 1925)、《符号、神话与文化》(*Symbol, Myth and Culture*, 1935)、《论人》(*An Essay on Man*, 1944)以及《象征形式哲学》(*The Philosophy of*

Symbolic Forms)的三卷本(1923,1925,1929)尤其与符号学研究相关。卡西尔将人类定义为"符号动物"(*animal symbolicum*,即使用符号的动物)。他思想中的符号学色彩也体现在他的观点中,即"符号不仅仅是思想的偶然外衣,而是必要且本质的器官……"(1923:86)。对卡西尔来说,神话、艺术、宗教、科学和历史共同构成了一个复杂的象征形式世界,但其中每一个都展现出自己独特的象征和象征性法则。

categoreal (categorical) scheme 范畴体系

一套用于组织或解释数据的范畴。理解心灵的一种方式是将其视为一种主要由无形、惰性物质构成的整体,对象和事件会在此留下印记。另一种方式则是将心灵视为一种内在结构化、动态化的器官。因此,范畴体系是心灵用来组织或整理数据的一系列原则。然而,提到"体系"时,我们强调的是范畴之间的相互联系,而不是孤立的范畴本身;也就是说,这些组织原则是如何协同工作的。

categories 范畴

最普遍的概念或观念;最终的类;更宽泛地说,是一般性的观念,通过这些观念可以把握现实的某个方面或经验的某种特征。

在西方哲学史上,柏拉图、亚里士多德、康德、黑格尔和皮尔斯等人都对阐述范畴学说给予了相当多的关注。由于亚里士多德的范畴列表最接近常识,因此它很好地作为了一个例证。亚里士多德的范畴包括实体、数量、性质、关系、地点、时间、位置、状态、动作和受动(或情感)。对亚里士多德来说,任何事物都可以归入这些范畴之一(例如,亲属关系属于关系范畴,重量属于数量范畴,昨天属于时间范畴)。在《纯粹理性批判》中,伊曼努尔·康德批评了亚里士多德的范畴,认为它们只是一首杂乱的拼凑曲,因为亚里士多德(至少在他的现存著作中)几乎没有解释他是如何推导出这些范畴的,或者为什么他有理由将这些概念提升到范畴的地位。从康德开始,推导和证明范畴的相关问题几乎成为所有探讨这一话题的思想家的核心关注点。

Categories, Peircean 皮尔斯范畴论

指第一性(firstness)[内在性(in-itselfness)]、第二性(secondness)[对立性(over-againstness)]、第三性(thirdness)[中介性(in-betweenness)],或者换言之,即质的直接性(qualitative immediacy)、

原始的对立性(brute opposition),以及动态的媒介性(dynamic mediation)。

皮尔斯的范畴旨在引起人们对任何现象中始终存在的特征或方面的关注。任何进入心灵的事物,在某种程度上都是难以言表的(其独特的本质难以传达)、坚持己见的(与心灵或其他事物相对立),以及可理解的(可以被注意到、命名,并在一定程度上被解释或说明)。查尔斯·桑德斯·皮尔斯的第一性、第二性和第三性范畴,既是他符号学研究中最重要(因为它们深刻地影响和指导了他的符号研究)也是最复杂的观念。

皮尔斯范畴的一个功能是引导和激发探究,简而言之,它们具有启发性。这在他探索各种符号类型时如何运用这些范畴中显而易见。任何符号都可以被视为一个独立的存在;它也可以与另一个符号(即其对象)联系起来考虑;最后,符号还可以作为中介(在其对象与解释者之间起媒介作用)来发挥作用。基于这种三重考虑,皮尔斯得出了三个三分法:第一,质符(qualisign)、单符(sinsign)、型符(legisign);第二,象似符(icon)、指示符(index)、象征符(symbol);第三,呈位(rheme)、述位(dicent)、议位(argument)。

cathexis 情感贯注

精神分析术语,指心理内部的一种激发或促使的力量。与之相对的是反情感贯注(anticathexis,即一种抑制或阻止的力量)。根据西格蒙德·弗洛伊德的理论,精神分析方法对我们精神生活的研究集中在情感贯注与反情感贯注之间复杂的相互作用上,即激发力量和抑制力量之间的相互作用。

channel 通道;渠道

这个词有时被用作"接触"(contact)的同义词。在任何交流过程中,都必须有一个通道或接触点,即信息的发送者(讲话者)和接收者(听话者)之间某种物理上或实际上的连接。例如,连接两部电话的电线就是这种通道。

chora 母体;子宫间

源自希腊语,意为"容器"。朱莉娅·克里斯蒂娃从柏拉图的《蒂迈欧篇》(*Timaeus*)中借用了这个词,用以表示"一种本质上流动且极为临时的结构,由运动和它们短暂的状态所构成"(1974/1984:25)。母体"先于证据、似真性、空间性和时间性而存在。我们的话语——所有话语——在与母体相伴的同时又与之对抗,因为话语既依赖于它又拒绝它"(1974/1984：26)。克里斯蒂娃在这里试图捕捉的是一种在原则上无法被完全捕捉的东西：即话语中难以言喻的维度。这大致对应于查尔斯·桑德斯·皮尔斯所说的第一性(firstness)，即一种直接性，"它先于所有综合和所有区分，没有统一性也没有部分。它无法被清晰地思考：一旦你试图断言它，它就已经失去了其独特的纯真性……一旦你停下来思考它，它就已经消逝了"(CP 1.357)。

cinema 电影

当代符号学研究中一个重要且有趣的领域。正如电影符号学已成为当代电影理论的主要趋势一样，电影或电影院也成为当今符号学研究的热门话题。在这里，我们可以看到三十年前独立的研究传统之间的交汇与融合。克里斯蒂安·麦茨、皮埃尔·保罗·帕索里尼、特蕾莎·德·劳蕾蒂斯、卡佳·西尔弗曼以及同样无处不在的罗兰·巴特和翁贝托·艾柯等人对电影的符号学探索尤其值得注意。参见"缝合"(suture)。

clarity, grades of 清晰度等级

指我们使用符号时概念清晰度的不同层级

或等级。在查尔斯·桑德斯·皮尔斯可能最为人所知的著作《如何使我们的想法清晰》(*How to Make Our Ideas Clear*)中,他区分了清晰度的三个等级:主观熟悉度、抽象定义和实用澄清。

在最基本的层面,一个人能够通过适当地使用或解释某个符号来展现对该符号的主观熟悉度。例如,当我试图说服我五岁的儿子,我像他这么大的时候骑恐龙上学,他回应说这件事从未发生过(用他自己的话说,"那不是真的")。他在这里使用"真的"一词显示出一种熟悉度,一种虽然真实但很基础的理解水平。然而,他不太可能为"真的"这个词给出抽象定义,即他和其他人对这个词的理解或应有的理解是什么。能够给出这样的定义(例如,"真的"是指不依赖于你、我或任何其他有限的个体或此类个体的实际群体所认为的东西)表明了一种高于熟悉度的清晰度等级。但皮尔斯认为,还有一种高于抽象定义的清晰度等级,这种等级是通过实用主义原则[参见"实用主义"(pragmatism)]来实现的。

根据这一原则,我们应该根据概念可能产生的实际影响(即它们对人类行为可能产生的影响)来构建我们的概念。将上帝视为值得崇拜、尊敬和信仰的存在,就是一种实用澄清,因为它明确地从什么行为是适当的(崇拜、尊敬、信仰)这一角度定义上帝。皮尔斯的实用主义原则的主要目的是将我们的探究推向高于抽象定义的清晰度等级。当然,是否真有这样的存在,是一个主张上帝存在的真实性的问题。皮尔斯的原则旨在直接处理与意义而非真理相关的问题。首先,我们必须知道自己在谈论什么,只有这样,我们才能确定我们的主张是否可靠或我们的判断是否真实。明确我们对某个想法的含义,本身并不能保证将存在或现实性归因于通过这个想法所构想出来的对象[即理念实体(*ens rationis*)]。

clôture 闭合

指一个人在研究中所涉及的问题域(*problématique*)或研究者所遵循的范式(paradigm)中固有的概念界限。一个问题域或范式不仅为研究提供方向,还沿着特定的路径对其进行限制。闭合指的则是这些限制,它们在发生认识论断裂(*coupure épistémologique*)或范式转换之前通常是不被注意到的。

译者注:在科学研究或学术探索中,研究者往往会受到所遵循的问题域或范式的深刻影响。这些问题域和范式为研究者提供了思考问题和构建理论的框架,但同时也设定了研究的边界和限制。这些限制可能涉及研究方法的选择、理论假设的设定、数据收集和分析的方式等多个方面。

然而,这些限制往往在研究过程中是隐性的,不易被察觉。只有当发生认识论断裂或范式转换时,研究者才会开始反思和审视自己原有的研究框架和假设,进而发现其中存在的闭合现象。这种反思和审视有助于研究者突破原有的限制,拓展研究的视野和深度,推动科学知识的进步和发展。因此,闭合是科学研究中一个重要的概念,它提醒研究者在研究过程中要保持开放的心态和批判性思维,不断反思和审视自己的研究框架和假设,以避免陷入故步自封的境地。

code 代码;符码;密码

所有交流过程中涉及的六个因素之一,与之对应的是元语言功能(metalinguistic function)或元符号功能(metasemiotic function)。在交流中,当交流指向它所依赖的代码或符号系统本身时,其功能就被称为元语言的或元符号的(如果符号系统不是严格意义上的语言,而是用较宽泛或比喻的方式理解)。通常,在传递信息时,我们会使用代码;但偶尔,信息的内容会转向并关注代码本身。例如,如果有人告诉你在英美文化中表示"OK"的手势,在巴西却是一种粗俗的手势,那么这条信息就是元语言的,因为它是在提醒你注意一个特定的代码或符号系统。

在符号学文本中,代码通常有两种含义。一种是指规定如何行动或做什么的规则集合,另一种是指翻译信息的密钥(或一组指令)。例如,莫尔斯电码就是一种将特定的点击和静音模式与字母表中的字母相关联的密钥。作为规则集合的代码具有规范性,它们为我们提供了判断行为是否恰当的准则。语音发音的判断只能参照字母表中声音的编码来进行。当然,并非所有违反代码的行为都表明无能或不胜任,有些可能是出于故意或有意识的决定——比如一个人在正式场合穿着泳衣出现以引起震惊,从而违反了时尚规范。这个例子表明了一个重要的区别:代码不需要明确制定。事实上,大多数代码可能是更多或更少隐含(或未明确说明)的规则集合,这些规则通过模仿行为习得,并在某种程度上无意识地遵循。

罗兰·巴特和翁贝托·艾柯是两位当代符号学家，他们对代码进行了大量研究。他们的研究尤其重要的是揭示了在大多数交流情境中，通常有多种代码在同时起作用，并且为了理解艺术作品，有必要注意对代码的违反或逾越行为。

coenoscopic 共视的

杰里米·边沁使用的术语，后被查尔斯·桑德斯·皮尔斯用于指称几乎所有人类研究者都可以进行的一系列观察。源自希腊语：前缀（*coeno-*）意为"共同的"，词根（*scopic*）意为"观察"。根据皮尔斯的说法，某些形式的探究（尤其是哲学）是共视的：它们诉诸每个人在其生命每个清醒时刻的正常经验范围内的观察。相比之下，其他研究（如物理和化学）是特殊视的：它们依赖于通常借助特殊训练或技术进行的集中观察。区分共视的和特殊视的探究类型的目的不是为了将哲学与科学分开。恰恰相反，它正显示了哲学是什么样的科学。当然，哲学作为科学的地位及其对这种地位的渴望一直受到质疑和挑战。但皮尔斯在这里的主张相当谦逊：当他声称哲学要么是科学，要么是废话时，他只是说哲学必须努力成为一种共同的、经验的探究形式——其结论是通过不断诉诸人类的日常经验而得出的。

cogito 我思

拉丁语单词,意为"我思考":我思故我在(*cogito ergo sum*)。出自现代法国哲学家勒内·笛卡儿的著作,用于指称"我",特别是作为思考者的"我"。它也是主观性首要地位的象征,即"我"是原始的,而其他一切(特别是世界和语言)都是派生的。由于笛卡儿不承认无意识的存在,因此"我思"这个词常被用来指称自我,认为自我是既统一又对自己透明的存在。然而,近来的主观性理论(如雅克·拉康、朱莉娅·克里斯蒂娃和露西·伊利加雷的理论)恰恰强调了相反的观点——自我是一个分裂的存在(意识/无意识),并且很大程度上对自己是不透明的。此外,笛卡儿没有认识到语言的重要性,特别是作为所谓主观性产生的一个因素。毕竟,"我"是一个能够自称"我"的存在,是一个能够反射性地使用语言的存在:自我认同、自我描述、自我参照等能力对于一般所称的主观性至关重要。但这种能力是语言性的,正如埃米尔·本维尼斯特所观察到的,我们只有在语言中并通过语言才能将自己构成为主体。当代主观性理论强调语言,而笛卡儿忽视了语言的重要性。总之,对于许多当代符号学家来说,"我思"这个名字代表了一个错误——或一系列错误——我们至今仍未完全摆脱。

collective mind 集体意识

社会学家埃米尔·涂尔干和语言学家费尔迪南·德·索绪尔都认为,在个体意识之上,存在一个集体意识。它不是个体意识的简单集合,而是个体意识无法还原的某种东西。集体意识存在的假设是有争议的,特别是在英美语境中,方法论个体主义往往是主流观点。根据这种观点,只有个体是真实的,而任何所谓非个体的东西(如社会或文化)都可以还原为个体所经历、所做、所思、所感的内容。但涂尔干、索绪尔以及无数思想家坚持认为,相互作用的个体展现出孤立个体所不具备的属性。此外,他们强调,方法论个体主义的偏见迫使我们忽视了社会约束和力量在个体意识层面之下、超出个体意志控制范围之外,以微妙但实际的方式塑造个体经验、行为、思想甚至情感。

collective unconscious 集体无意识

卡尔·荣格提出,在个人无意识(人类心理

的这一区域主要源于个体在生命过程中实际经历的压抑)之外,还存在一个集体无意识。这是我们的"种族"而非个体经验的储存库:人类种族在实际进化过程中所经历的一切,都在某种程度上以某种方式被编码在人类有机体本身之中,从而使得本能和原型从上一代传递给下一代。关于集体无意识存在的假设是一个极具争议的话题;但荣格为此立场进行了有力且不懈的论证,并非完全没有成效。

communication 传播;交际

传递和接收信息的过程。根据罗曼·雅各布森和其他人的观点,对该过程的分析得出了六个因素:发信人、收信人、联系方式(或渠道)、语境、代码和信息本身。与这些因素相对应的是六种功能:情感功能、意动功能、交际功能、指称功能、元语言功能(或元交际功能)和审美功能或诗意功能。

这一过程被视为符号学的焦点对象。例如,罗曼·雅各布森提出:"符号学的主题是任何信息的传递,而语言学的领域仅限于口头信息的传递。"此外,玛格丽特·米德将符号学定义为"对所有模式化交流"的研究。

competence and performance 能力和表现

能力是指执行某项任务所需的一系列能力，表现则是指执行任务本身。这一区分由语言学家诺姆·乔姆斯基提出，并已被符号学家和语言学家广泛采用。

能力和表现之间的区别大致对应于语言和言语的区别，因为语言是使沟通成为可能的系统，而言语则是该系统在具体使用中的体现。拥有某种能力并不意味着一定会表现出来：一个人可能具备熟练使用英语的能力，但此刻并未使用它。能力和表现之间的区别表明了两个不同且（对某些人来说）可分离的研究领域。一方面，我们可以探索构成某种能力的条件（比如说讲英语和理解英语的能力）；另一方面，我们可以研究具体的表现（比如恋人之间的言语和非言语交流），而对这些表现背后的普遍条件关注甚少或根本不关注。就像费尔迪南·德·索绪尔试图将语言和言语的研究分开一样，尽管能力和表现之间存在合理的区别，但试图将能力的研究与表现的研究完全隔离开来，最终注定会失败。

conative 意动的；意动性

形容词，用于指称交流过程中的六种基本

功能之一,即当交流以收信人为导向或指向收信人时所具有的功能。同一条信息可能既是情感的又是意动的。例如,如果我说"我累了",仅仅是为了告诉你我的状态,那么这条信息在某种程度上是以说话者或发信人为导向的,具有情感功能。然而,如果我的言外之力是"我们回家吧",那么这条信息的主要功能是意动的,因为它不仅仅是对我的揭示,而是对你的请求。从语法上讲,祈使句或呼语表达("打开窗户"和"哦,主啊,我恳求你")最清楚地说明了意动功能。

conclusion 结论

在论证中提出的有证据支持的陈述。作为结论证据而提出的陈述被称为前提。

condensation 凝缩

精神分析术语[参见"精神分析"(psychoanalysis)],指一种心理过程,即无意识地将几个潜在的意义压缩或凝缩成一个明显的元素[参见"潜在内容/显现内容"(latent vs. manifest content)]。在凝缩过程中,我们会遇到一个新的能指的形成,这个能指是由在其他语境或更早时间中原本不同甚至独立的能指融合而成的。雅克·拉康将隐喻与凝缩过程等同起来,将转喻与置换过程等同起来。

connotation 内涵

指与某个词相关的(通常是带有情感色彩的)联想,与外延(即精确或严格的意义)相对。在符号学著作中,内涵指的是符号的次要或派生意义,而外延则指的是符号的主要或第一意义。这种内涵意义是罗兰·巴特符号学的核心内容。每当一个能指与所指相关联时,就会产生意义。想象一个广告,其中有一张年轻迷人的女性坐在男性伴侣肩膀上的照片,两人显然在佛罗里达的海滩上玩得很开心。这张照片是能指,这对情侣是所指。但这张照片所传达的不仅仅是对两个人的描述:它还传递了一个信息,即在哪里以及如何玩得开心。毕竟,这是一个针对大学生的春季狂欢广告。这对情侣与这张照片之间的关联被许多符号学家称为外延层面(或层次),而这张照片与"阳光下的乐趣"这一信息之间的关联则被称为内涵层面。

内涵的第三个意义用于逻辑学。同样,它与外延相对;但在这里,内涵指的是一个词或表达的意义,而外延则指的是这个词或表达所指的参照物(即这个词或表达所指的对象范围)。

"行星"的意思是或意味着一个相当大、绕太阳旋转的天体;它指的是或外延着符合这一描述的实际天体:水星、金星、火星、地球等。你可以通过查词典来了解"行星"的内涵,而你需要望远镜和其他仪器来找出它所指的具体天体。

consciousness 意识

"觉察"(awareness)的同义词,也是生物体对体内和体外事件及物体做出反应或至少注意到它们的能力。

查尔斯·桑德斯·皮尔斯认为,"每当我们思考时,我们的意识中都会出现某种感觉、形象、概念或其他表象,这些表象作为符号存在"(CP 5.328)。这表明意识是由符号构成的。在这里,正如在许多其他情况下一样,我们看到,一个真正普遍的符号理论的价值在于,它促使我们重新解释诸如意识、知识和主体性等话题。除此之外,它还为我们提供了这样做的资源。

constative 表述话语;叙述

J. L. 奥斯丁对那些可以询问其真假性的命题的称呼(例如:猫在垫子上)。

奥斯丁特别关注那些施事话语(即那些询问其真假性毫无意义的命题,例如,在洗礼仪式中牧师所说的"我将这个孩子命名为彼得·卡洛")。施事话语可能会以某种方式出错(例如,当我在拍卖会上出价时,我可能以不恰当的方式出价,从而否定了我话语的有效性),但它们既非真也非假。最终,奥斯丁对传统上我们对语言的简单思考方式提出了挑战。请参见"命名法"(nomenclature)。

conspicuous consumption 炫耀性消费

在《有闲阶级论》(*The Theory of the Leisure Class*, 1899)中,托尔斯坦·凡勃伦提出了一个引人注目的消费现象,即人们消费商品和服务不仅仅是为了满足基本需求,更是一种展示社会地位和财富的方式。这一观点暗示了:要全面理解商品,除了经济学视角外,还需要借助符号学的框架。在消费者社会中,最重要的产出是消费者本身,而这些消费者在很大程度上是在消费符号。以某人穿着带有 Gucci 标志的衬衫为例,这时我们不禁有一个疑问,即:究竟是衬衫本身还是穿着它的人成为被消费的对象。

译者注: 这个问题直指消费者社会中符号与物质之间的复杂关系。在这个场景下,Gucci 的标志作为一种高级品牌符号,成为社会地位和品位的象征。因此,当人们看到这件衬衫时,往往更多的是在解读穿着者想要传达的社会信息,而非衬衫本身的物理属性。这意味着,他们购买和使用商品的行为,更多的是在向外界传达某种信息或身份认同,而非仅仅出于实用目的。

凡勃伦的理论提醒我们,在解读消费现象时,不仅要关注经济层面的交换价值,更要理解符号层面的象征意义。在消费社会中,商品和服务不仅是满足需求的工具,更是展示自我、区分群体的重要手段。

contact 连接

参见"通道"(channel)。

contemporary 当代

这一术语常被哲学家和思想史学家用来与"现代"这一形容词相区分。在这里,"现代"指的是中世纪(大约从公元 500 年到 1500 年)之后、当代之前的时期。而关于"当代"时代的起点,则存在争议。

一种观点认为,当代时代的开始可以追溯到德国哲学家格奥尔格·威廉·弗里德里希·黑格尔的时代,因为 19 世纪乃至 20 世纪初许多重要的哲学运动(如存在主义、马克思主义、实用主义和分析哲学)都在某种程度上是对黑格尔哲学的反动。按照这种定义,当代即指后黑格尔时代。

另一种观点则将当代的起点设定在19世纪末或20世纪初。例如,勒内·笛卡儿和伊曼努尔·康德被视为现代思想家,而约翰·杜威、马丁·海德格尔和路德维希·维特根斯坦则是当代思想家。

尽管符号学有着悠久而丰富的历史,但将其视为一种具有独特且(在一定程度上)自主地位的符号一般理论,则是当代的发展。

译者注: 这意味着符号学作为一门学科或研究领域,在近年来才逐渐获得了广泛的认可和独立的地位,成为理解和解释人类文化、社会现象以及交流过程的重要工具。

content and expression 内容与表达

路易斯·叶尔姆斯列夫引入的一种区分,至少大致对应于费尔迪南·德·索绪尔对所指与能指的区分。根据路易斯·叶尔姆斯列夫的观点,在任何符号的核心,都可以发现表达层面与内容层面之间的相互关联。这两个层面是符号中可区分但不可分离的两个方面:能指的层面是表达层面,所指的层面是内容层面。

context 语境

信息传递和接收时所处的环境或情境。"语境"是任何交流过程中最基本的六个因素之一。其他因素包括发话者、受话者、接触(或渠道)、代码以及信息本身。与语境相对应的是交流的指称功能。当我通过大喊"当心!"来警告朋友一辆飞驰而来的汽车时,这种交流是面向语境的。在这种情况下,指称功能占据主导地位。参见"伴随文本"(co-text)。

contextualism 语境主义;语境论

强调在符号过程发生的语境中审视该过程的重要性或不可或缺性。当然,语境可以有广义或狭义的解释。例如,人们可能会将一部小说的语境视为其写作时的直接环境,或者将其视为文学史的一个重要部分(特别是,比如19世纪的小说)。语境主义方法与形式主义方法截然不同,且常常相互对立。形式主义强调符号过程(如文本等)的自主性和完整性,实际上是将其从其语境中剥离出来。

continuity 连续性, continuum 连续统

连续性指连续或未被打断的状态或特性;连续统指不间断的序列或未中断的发展。查尔斯·桑德斯·皮尔斯强调,需要将表面上不同的现象视为同一连续统上的点。参见"连续性原则"(synechism)。

convention 约定俗成

源自拉丁语 convenire,意为"聚集在一起"。指既定的习俗或惯例。传统上,"约定俗成"和"任意"(arbitary)这两个词经常互换使用,但在使用时应当更加谨慎。在"任意"的既定含义中,有两个值得注意的方面:一方面,这个词指的是依赖于意志的事物;另一方面,它指的是没有理由的事物。这两个方面并不一定重合,因为某件事可能依赖于我的意志,但同时又可能是完全合理或合乎情理的——例如,回收罐子和瓶子的运动取得成功。

所有约定俗成或既定习俗在第一种意义上都是任意的,它们依赖于我们继续做那些习惯上一直在做的事情的意愿。排除这种意愿,它们就会消失。但是,约定俗成并不一定是毫无理由或根据的,即使我们不知道这种根据是什么。礼貌问候他人的既定习俗可能有着深刻但未被充分认识的合理性。这一习俗的命运取决于我们。这并不意味着约定俗成是不合理的,而只是说明它是脆弱的。

传统上，约定俗成与自然是对立的。柏拉图和亚里士多德等哲学家所倡导的 nomos（习俗）与 phusis（自然）之间的对立，为后来的许多思想奠定了基础。对于这两位古希腊哲学家来说，对自然的诉求是决定性的。与古典思想的主流趋势截然不同的是，当代思想在这一点上存在分歧，因为它向偏爱自然和贬低习俗提出了挑战。对于今天的大多数人来说，所有对自然的诉求都是有问题的，因为他们太清楚这些诉求是如何被用来为奴隶制和其他形式的剥削或压迫辩护的了。总之，一种历史偶然性的意识取代了自然终结性的观念。

conventional signs 约定性符号

基于约定的符号，与自然符号相对。例如，一个小女孩观察到天空迅速变暗，认为这是暴风雨即将来临的迹象。而当她焦急地寻找她的狗时，她听到姨妈在呼唤她的名字。传统上，风暴云是自然符号的例子，而名字和其他词语则是约定性符号的例子。

conversation/inquiry 会话/探究

今天，通过理查德·罗蒂等人的影响，"会话"这一隐喻已经获得了比以往更重要的地位，甚至可以说是中心地位。根据罗蒂的观点,哲学家应该停止将哲学视为一种探究形式(一种旨在发现真理并因此致力于视角汇合的符号过程),而应该开始将其简单地视为人类对话的一部分。此外,哲学家不应自诩有权告诉他者(即其他学科)他们的意思或他们应该如何进行。哲学并不是人类会话的最终仲裁者,它只是众多声音中的一个,而且并不一定是最重要或最权威的声音。

conversational rules 会话准则

在一篇题为《逻辑与会话》(*Logic and Conversation*)的具有影响力的文章中,保罗·格莱斯认为,任何致力于合作原则的会话交流都应遵循一定的规则。这一原则要求会话参与者做到"在你参与的会话交流中,根据公认的目的或方向,在发生的阶段,做出所需的会话贡献"(1989:26)。从这一原则出发,格莱斯推导出了四类规则或准则——数量、质量、关联和方式。数量关注的是会话中任何参与者所传达的信息量。在这一标题下,最重要的两条准则是"使你的贡献达到当前交流目的所需的信息量"和"不要使你的贡献超出所需的信息量"。质量关注的是所传达信息的品质或可靠性。在这一类别下,有一条总准则——"努力使你的贡献真实"——以及在这一总准则下的两条更具体的指示:"不要说你认为是错误的话"和"不要说你缺乏充分证据的话"。在关联类别下,有一条指令"要相关";在方式类别下,有一条总准则"要清晰明了"。在清晰明了的要求下,当然有多种准则(最重要的是"避免晦涩""避免歧义""要简洁"和"要有条理")。由于格莱斯本人在阐述会话规则时似乎用了比必要更多的文字,因此他可能违反了自己关于数量的要求。

conversation analysis (CA) 会话分析

一种实证性、归纳性的研究,通常由社会语言学家和社会心理学家进行,致力于通过录音、音频或视频录像等手段来考察实际的会话。需要注意的是,会话分析不应与话语分析相混淆。话语分析通常是一种正式的、演绎性的研究,而不是实证性、归纳性的研究。

译者注: 会话分析专注于实际会话的细致考察,旨在揭示会话中的互动模式、语言使用习惯以及会话参与者的交际策略等。

cooperative principle 合作原则

参见"会话准则"(conversational rules)。

co-text 伴随文本；共现文本；上下文

这个词有时用于指代某个符号过程或实践中的语言或符号环境，与其非语言（或非符号）环境相对。后者有时被称为情境环境。以一个简单的例子来说明，这个关于伴随文本的条目出现在这个词汇表的伴随文本中：它是一个嵌入在更大文本中的文本。但这两个文本——单个条目和整个词汇表——都是一个由语言之外更多元素构成的世界的一部分。这个世界，特别是与本书中的陈述相关的那些特征，就是非语言环境。

译者注：简单来说，伴随文本是指一个文本内部各元素之间的相互关系和环境，而非语言环境则是指文本所处的更广泛的社会、文化、历史等背景。在理解和分析文本时，同时考虑伴随文本和非语言环境是非常重要的。

***coupure épistémologique* 认识论断裂**

指从一个问题领域到另一个的突然且通常令人不安的转变。在文学理论与批评中，从心理传记方法到结构主义方法的转变就是认识论断裂。这一术语在英美话语中被称为"范式转换"(paradigm shift)。

critic 批判逻辑

查尔斯·桑德斯·皮尔斯构想的逻辑学的一个分支。批判逻辑(偶尔也被称为批判性逻辑)关注各种论证形式。最终,皮尔斯将逻辑构想为一个三分支的学科:第一部分是思辨语法,关注意义的过程和形式(包括符号行为和符号类型);第二部分是批判逻辑,致力于推理的过程和形式;第三部分是思辨修辞或方法论,即探究的理论。通常,逻辑学仅限于皮尔斯所称的批判逻辑,因此他对这一学科的概念比大多数当代逻辑学家所认为的更为广泛。

critical commonsensism 批判常识主义

查尔斯·桑德斯·皮尔斯捍卫的一种学说,主要作为对笛卡儿观点[参见"笛卡儿主义"(Cartesianism)]的回应。笛卡儿提出了一种以普遍怀疑为起点的探究方法("首先将所有略有疑问的信念视为绝对错误"),而皮尔斯则质疑这种方法的可取性甚至可能性。皮尔斯完全承认,在调查过程中,我们可能会开始怀疑最初相信的东西;但在这种情况下,我们会有积极且有力的理由去怀疑。因此,他建议我们不应该在哲学上怀疑我们内心不怀疑的东西(CP 5.265)。常识就是我们内心不怀疑的东西——

我们在无数情况下所依赖的全部信念。但为了将自己的常识主义与传统形式（尤其是托马斯·里德等人的苏格兰常识主义）区分开来，皮尔斯将其学说称为批判常识主义，因为有时我们必须批判性地审视我们最珍视的信念。但这种批判绝不能以笛卡儿所提出的方式进行；它是一个持续且零碎的过程，我们在这个过程中筛选我们的知识遗产和承诺，依靠其中的某些部分来评估其他部分。皮尔斯的批判常识主义旨在认识到批判的必要性和我们常识性信念的巨大权威性。

critique 批判

在最广泛的意义上，指一种评价。常在更狭义层面使用，反映了卡尔·马克思及后续关注各种形式解放的作家的用法。（马克思和西格蒙德·弗洛伊德对欧洲符号学家的影响深远；马克思主义和弗洛伊德主义的术语是符号学话语结构中的明显线索。）在这种情况下，批判意味着一种反思形式，其近期目标是批判性意识（对真实情况和真实人物的认知），而其最终目标是解放。批判性意识应与神秘化意识相对立来理解。人们有可能在不知情的情况下受到压迫或剥削。这种不知情通常不仅仅是缺乏意识,而是对可能隐约感觉到的状况的抗拒。这种不知情,尤其是当抗拒成为关键或显著特征时,被称为神秘化(或天真)意识。批判的目的是以解放或释放的名义挑战这种不知情。然而,今天像米歇尔·福柯和雅克·德里达这样的思想家如此热衷于怀疑的诠释学,以至于"自由"这个名字,如此浸透着无辜者的鲜血,已无法轻易或根本无法被提及。

罗兰·巴特曾坦言,对他而言,符号学"始于严格的情感冲动"。他认为,符号的研究"可能会激发社会批判",可能会提供更深刻的方式"来理解(或描述)一个社会如何制造刻板印象,即人为的胜利,然后又将其作为天生的意义来消费,即自然的胜利"。他出于"对一般道德中这种虚伪与良知的混合的不容忍……"进行了这样的研究(Barthes 1982:471)。如何解释体面的人要么做出、要么容忍残暴行为的事实?如果这通常不是出于简单的"自然"恐惧或仇恨,而是基于神话(即虚构的恐惧、仇恨、欲望等),那么理解这些神话是如何被制造出来的过程不是至关重要的吗?

cryptography 密码,cryptology 密码学

密码指密文,密码学指对密文的科学研究。

culture 文化

指由某一特定人类群体发展并维持的一系列制度和实践(包括话语形式)的总和。民族学作为人类学的一个分支,专注于文化的研究,是一个涌现出许多符号学家并反过来又吸引了更多人的领域。克劳德·列维-斯特劳斯的结构人类学或许是将语言学家费尔迪南·德·索绪尔的观点应用于文化研究的最著名尝试。

D d

DA. discourse analysis 话语分析

decentering of the subject 主体的去中心化

指在现代社会中,"我"或意识、言语、自主的主体所附带的重要性、威望或权威发生了戏剧性的转变:这一主体从关于人类及其事物的各种话语(如人类学、心理学、语言学等)的中心位置移向了边缘。

在现代(或后中世纪)时期,个体以各种形式(如作为真理仲裁者的个体意识,或作为权利承载者的个体)比以往任何时代都更加重要。个体主要被视为起源,只是偶尔被视为"结果"——主要被视为思想、行动、情感等的源泉,而很少被视为某种派生的东西。在结构主义尤其是后结构主义的著作中,主体已被移除舞台中心。例如,语言不能用自我产生的图像或想法来解释;相反,人的思想、行动,甚至情感都必须根据这些人所处的语言、经济、文化等系统来解释。过去处于讨论中心的自我或"我"已被推向边缘,而过去处于边缘的语言和其他系统则成为中心。

decoder 解码者

在解码或解释信息的角色中,被视为信息的接收者或收信人。发信者或发送者通过编码发送信息,即利用一种代码来传递信息,而解码者则根据相同的代码来解释这条信息。在这一普遍接受的交流模型中,交流的可能性取决于任何交流过程中参与者所共享的代码。如果两个人不会说同一种语言,他们可能会通过身体姿势和面部表情来交流,但这仅仅是因为双方都认为点头表示"是",摇头表示"不"等等——也就是说,仅仅因为他们之间有共同的代码。

deconstruction 解构,deconstructionism 解构主义

当代的一场知识运动,特别是在哲学、文学理论和批评领域,它关注(除其他事项外)挑战西方思想和文化中至关重要的僵化或固定等级制度(例如:工作与游戏;精神与身体;存在与缺席;所指与能指;言说与书写)。

对我们大多数人来说,符号似乎只是表示物体的方式,是将可能不完全存在于意识中

的事物带到意识面前的方式。通过使用词语和手势（即语言和其他符号），我可以告诉你在你不在场时发生了一场风暴。我亲身经历了那场风暴，而你没有。因此，你需要满足于一种言语表达。从这样的例子中，我们自然会认为符号是不重要的，而它们所指向的现实才是真正重要的。然而，雅克·德里达挑战了他所谓的"存在的形而上学"，即认为除了符号之外，还有可能存在完全呈现于意识中的存在或事件。在西方文化中，符号之外的世界传统上一直比符号世界更受重视。作为对乔治·贝克莱的"存在即被感知"(*esse est percipi*)主张的回应，塞缪尔·约翰逊踢了一块石头并宣布"我因此驳倒了他"。同样的冲动也经常出现在对解构主义主张"文本之外别无他物"或"所有所指反过来也都是能指"的反应中。这些主张的要点似乎在于，没有绝对坚硬和快速的对象，只有不稳定和短暂的符号，这似乎严重违反了常识。但是，约翰逊踢石头的行为旨在表明，石头不仅仅是贝克莱的立场所能容纳的。对于当代反对解构主义的约翰逊主义者来说，确实有一个与我们的符号截然不同的世界：这是一个当我们踢石头或某物击中我们时，我们直接遇到其存在的世界。对于解构主义者来说，也确实有一个世界,但这个世界首先且最终是作为一个文本,一个开放的符号集合呈现在我们面前的,其中意义的游戏不断破坏一劳永逸地固定任何符号的意义(以及指称)的可能性。对超验所指(transcendental signified)的渴望驱使我们抵制将世界视为文本:渴望逃避语言的迷宫和渴望与超验所指直接接触是同一回事。在这样一个所指面前,无须再多说什么,也无须再多看什么(或感受什么)。但在此时,解构的捍卫者可以诉诸我们的常识直觉。难道结果不是总有更多话要说,总有新的解释或隐喻要提供吗?而这些说法不正帮助我们看得更清楚,这些解释和隐喻不正使我们的感知和敏感性更加敏锐和深刻吗?那些想要阻止能指游戏的人难道不是自以为是,甚至专制的吗?因为他们不正是假定了监控思想和甚至将能指囚禁在狭隘空间内的权威吗?我们不能仅仅通过纯粹的意志或智力上的巧妙手法使语言或任何其他符号系统意味着任何东西;相反,任何话语、文本或符号过程总是意味着比说话者意图或能够想象的要更多,甚至完全不同。追踪文本如何微妙而复杂地反对和破坏自身——追踪文本自我解构的方式——是解构主义批评家的首要任务。

deduction 演绎推理

一种推理类型,其结论被假定为必然由前提得出。例如,如果"A 大于 B"和"B 大于 C"均为真,则必然得出"A 大于 C"也为真。在这个例子中,"A 大于 B"和"B 大于 C"是前提,"A 大于 C"是结论。逻辑学研究的是各种推理的形式。

deep structure 深层结构

这一术语在语言学中频繁出现,在符号学(尤其是叙事分析)中也并不少见,通常与表层结构相对。深层结构是潜在的、主要隐藏的结构,它生成了句子或叙事的表层结构。挖掘深层结构一直是诺姆·乔姆斯基及其追随者所从事的语言学研究的中心议题;同时,它也是罗兰·巴特和 A. J. 格雷马斯等叙事学家[参见"叙事学"(narratology)]的核心关注点。根据这些理论家的观点,深层结构就像是对句子或叙事进行 X 光透视,从而洞察支撑起言语或文本形象的基本骨架。

defamiliarization 陌生化

这一术语[连同"使陌生化"(making strange)]常用于翻译俄语的转写词 *Ostranenie*,

这是俄国形式主义者用来指称艺术作品主要功能的术语。诗歌以及其他艺术作品的主要功能是挑战我们习惯的感知模式,它们只能通过陌生化(或使陌生化)的过程来实现这一点。

deictic 指示性的

语言学家和符号学家有时使用的一个形容词,用来指称那些直接指向某一言语行为或话语发生情境中的时间、空间或个人方面的符号。例如,"现在/那时""这里/那里""我/你"以及"这个/那个"都是指示性符号。

denotation 外延

参见"内涵"(connotation)。

denotatum(复数 denotata) 所指物

单词或表达式所标示的任何类型的对象、事件或存在物,即单词或话语所指代的内容。查尔斯·莫里斯使用的术语 denotatum 和 sigificatum 分别与"指称"(*Bedeutung*)和"意义"或"含义"(*Sinn*)紧密对应。

译者注:denotatum 指的是指称,即词语或表达式所直接指向的客观对象或事实;

sigificatum 则指词语或表达式所表达的概念、意义或含义。

Derrida, Jacques 雅克·德里达(1930—2004)

当代法国哲学家,对文学理论家、批评家以及哲学家产生重要影响。他是解构主义的代表人物。这位多产的作者常被描述为后结构主义者[参见"后结构主义"(poststructuralism)]。他的著作包括《言语与现象及其他关于胡塞尔符号理论的论文》(*Speech and Phenomena and Other Essays on Husserl's Theory of Signs*,1967;1973年英文版)、《论文字学》(*Of Grammatology*,1967;1976年英文版)、《书写与差异》(*Writing and Difference*,1967;1978年英文版)、《传播》(*Dissemination*,1972;1981年英文版)、《哲学的边缘》(*The Margins of Philosophy*,1972;1982年英文版)。他写了一本521页的书,名为《明信片》(*Post Card*,1980),这展现了他的诙谐幽默和(常受到他批评者严厉指责的)过度自我放纵。德里达解构主义批评的一个核心关注点在于瓦解二元对立——揭示那些看似相互排斥的术语实际上是如何相互依存的。

Descartes, René 勒内·笛卡儿(1596—1650)

现代早期哲学家,对后世思想产生深远而广泛的影响。在试图彻底驳斥怀疑论的过程中,他提出"我思故我在"(Cogito, ergo sum)的观点。即使在可以想象的最强烈且最牵强的假设下(即存在一个邪恶的精神,致力于在我生命的每一刻欺骗我),我也可以绝对确定至少一个真理:我存在(sum)。因为为了被欺骗,我必须存在。因此,怀疑的可能性本身(怀疑是一种思维形式)确保了我自身存在的必然性。所以,只要我思考——即使我的思考在其他方面都是可疑和错误的——我就必须以某种方式存在。如果没有人可以被欺骗,那就不会有欺骗;如果有欺骗,那就必须有人存在。看!我存在!比这个反对怀疑论的论点更重要的是笛卡儿留给后世思想的起点:个体意识作为真理的仲裁者和意义的源泉。参见"主体的去中心化"(decentering of the subject)。

查尔斯·桑德斯·皮尔斯曾指出:"笛卡儿标志着哲学摆脱幼稚、开始变得自负的时期。当这个年轻人成长为老人时,他将会学到传统是珍贵的财富,而破坏偶像的发明总是廉价的,而且往往令人厌恶。"(CP 4.71)

Dewey, John 约翰·杜威（1859—1952）

美国哲学家，与实用主义运动紧密相关。他的著作《经验与自然》(*Experience and Nature*, 1925)、《逻辑：探究的理论》(*Logic: The Theory of Inquiry*, 1938) 以及《知与所知》(*Knowing and the Known*, 1949) 对于评估和欣赏杜威对符号和象征研究的贡献尤为重要。

译者注：杜威的哲学思想强调经验的重要性，认为经验是知识和行动的基础。他主张通过实践来检验真理，反对传统的形而上学和二元对立观念。在符号和象征的研究上，杜威也强调其在实际生活中的应用和意义。

diachronic 历时

源自希腊语 *dia-*（通过、跨越）和 *chronos*（时间），指研究现象（如单词的拼写或语法规则）随时间发生的变化，大致相当于历史性或时间性。

费尔迪南·德·索绪尔明确区分了语言的历时性研究和共时性研究。历时性研究追踪语言的发展或演变，而共时性研究则考察语言作为一个系统，即当前共存的关系网络。费尔迪南·德·索绪尔是在反驳他同时代的新语法学派(Neogrammarians)的观点,这些语言学家认为,研究语言的唯一有效方法是历史性或历时性方法。可以说,一种极端的方法催生了另一种极端,因为对语言历史的过度关注被系统性否认这种历史对于理解语言的相关性所取代。为了使自己的观点更具说服力,费尔迪南·德·索绪尔不得不做出另一个明确的区分。语言不应与言语或话语相混淆。根据费尔迪南·德·索绪尔的观点,语言是一个自给自足的整体(1916/1966:9),因此是共时性研究的合适对象。因此,费尔迪南·德·索绪尔的符号模型不仅是二元的(因为它是两个项目的相互关系——一个声音形象及其相应的概念如声音"dog"和该声音所唤起的想法之间的关联),而且他对语言和其他符号的研究取向也基于几个二分法。上面提到的两个二分法——历时性/共时性和语言/言语——是费尔迪南·德·索绪尔研究项目的核心。

diacritical 区分性的

形容词,意思是有特色的或可区分的。为了使任何事物都能作为符号发挥作用,它需要有特色或可从其他也用作符号的项中区分出来。由于费尔迪南·德·索绪尔非常关注符号是如何通过它们之间的差异——即它们在同一系统（例如，同一种语言）中与其他符号相区分的方式或方法——而产生的，因此他的符号概念有时被称为区分性的。参见"切分"(articulation)、"二元对立"(binary opposition)。

diagram 图表

一种符号类型，其中象形功能是主要的符号功能，但同时也明显存在象征功能和指示功能。参见"指示符"(index)、"象征"(symbol)。

如果教练在黑板上画出比赛的战术图，他正在构造一个在某些重要方面与其对象相似的符号，因此它是象形的。但是，图表也依赖于惯例和指示符。例如，使用 X 代表一支球队的球员，O 代表另一支球队的球员，这是一种惯例。此外，X 和 O 还具有指示功能。教练会画出三个 X 并说："Szykula，这是你；Alan，那是你；Vinnie，这是你——所以球会在这里。"

查尔斯·桑德斯·皮尔斯特别关注了图表，明确指出它们结合了象形、象征和指示功能。他说："图表是一种代表物，主要是关系的象形，并通过惯例得到辅助。在图表中也或多或少地使用了指示符。"(CP 4.418)

译者注：皮尔斯的观点强调了图表作为复

杂符号系统的特点,它们不仅通过直接相似来传达信息,还通过惯例和指示性元素来增强信息的表达和理解。

dialectic 辩证法

在最广义上,指一个涉及对立面的过程(例如,可以说历史是自发性与约束力的辩证法);在更狭义上,指导致对立力量或因素的综合或和解的过程。

译者注: 辩证法通常被看作是一种通过冲突、对立和矛盾的解决来推动事物发展变化的方法论。在这个过程中,对立面之间的相互作用和斗争被认为是推动事物向更高阶段发展的动力。辩证法强调事物之间的内在联系和动态发展,认为任何事物都不是孤立存在的,而是处于与其他事物的相互关系和相互作用之中。因此,辩证法在分析问题时,通常注重揭示事物内部的矛盾和对立,以及这些矛盾和对立之间的相互作用和转化过程。

dialogism 对话主义

基于对话的学说或取向。对话作为一种符号过程,涉及双方的相互给予和接受,常被用作解释或阐明那些通常不与此过程相关的现象的模型。例如,经验被视为一种对话过程——自我与他人之间的给予和接受。这种观点得到了美国实用主义者查尔斯·桑德斯·皮尔斯和约翰·杜威的捍卫。在这种理解下,经验不完全是主观的,而在本质上是主体间的:它的位置既不在自我内部也不在外部,而是在自我之间。马丁·布伯的"之间"范畴旨在指出仅从内在与外在、主观与客观、私人与公共的角度思考所导致的困境的出路。同样,思想也被视为对话。在柏拉图的几篇对话录中,我们发现思想被描述为灵魂与自身的对话;皮尔斯也一再坚持认为我们所有的思想都采取对话的形式。他甚至声称"成功的研究……是与自然的对话……"(CP 6.568)。对话主义这一术语也常被用来描述米哈伊尔·巴赫金的语言观。请参见"会话"(conversation)、"图伊主义"(tuism)。

dialogue 对话

多个参与者之间进行交流与互动的一种言语类型;也是一种以谈话为模型的文学体裁(例如,柏拉图的对话录)。马丁·布伯深入探讨了对话的本质和形式,尤其关注对话作为"我"与"你"之间存在主义的相遇;米哈伊尔·巴赫金和汉斯-格奥尔格·伽达默尔也对这种给予与接受的过程给予了相当多的关注。

dicent 述位

查尔斯·桑德斯·皮尔斯引入的术语,用来指代一种特定类型的符号或符号功能,大致对应于陈述。这个符号是三元论或三分法的一部分,即呈位(rheme)、述位和议位(argument)。皮尔斯通过考虑符号与其解释项(interpretant)之间的关系来推导出这种三分法。基于这种分类,他得出了在传统逻辑中被称为概念(concepts)、陈述(statements)和论证(arguments)的东西。也就是说,呈位、述位和议位分别大致对应于概念、陈述和论证。

译者注:在皮尔斯的符号学理论中,符号、对象(object)和解释项之间的关系构成了符号过程的核心。述位作为这一过程中的一个重要组成部分,指的是那些能够表达或陈述事实的符号。这些符号通常具有明确的意义和指向性,能够传达特定的信息或观点。

皮尔斯的三分法进一步细化了符号的分类,使其更加符合逻辑和认知的复杂性。通过区分呈位、述位和议位,他能够更准确地描述符号在思维和交流中的作用和功能。这种分类方法不仅有助于我们理解符号的本质和特性,还有助于我们更好地运用符号进行思考和表达。

dichotomy 二分法

一种双重划分或区分,特别是针对相互排斥的事物之间的划分。当三分法将事物划分为三部分时,二分法则将其划分为两部分。参见"二元论"(dualism)。

dicisign 表述符号

查尔斯·桑德斯·皮尔斯使用的术语,作为"述位"(dicent)的同义词,指在其表述的上下文中大致对应于陈述的符号。

dictionary vs. encyclopedia 词典/百科全书

解释义素(符号系统中最基本的意义单位,通常理解为语言中的单位)意义或内容的两种截然不同的方式。词典模型基于这样的假设,即存在终极义素,所有其他意义单位(即其他所有义素)都可以从中推导出来。波菲利之树(Porphyrian tree,以晚期古典希腊哲学家波菲利或波菲里乌斯的名字命名,约232—约303年)就是这样一个"词典"的例子。所有物质都可以区分为非物质和物质(精神和物质实体);

进而，所有物体（或物质实体）都可以区分为有生命的或无生命的（活的或死的）；有生命的物质又可以进一步分为动物和植物等。相比之下，百科全书模型则展示了任何义素的内容都是如何通过与几乎所有其他意义单位的联系而建立和发展起来的。百科全书需要不断更新，因为任何给定时间被视为事实的内容往往会随着后续研究的进行而被降级。但百科全书也包含了关于某一时间或某一群体所认为的事实的信息。这些信息被视为术语意义不可或缺的一部分。要全面解释"太阳"这一义素，就需要指出某些文化曾将其视为穿越天空的金色战车，而如今它则被视为一颗恒星或主要由气体组成的、处于持续爆炸过程的天体。如果按照波菲利对定义的构想所要求的方式构建字典，那么它将是一系列二分法的分支；而百科全书则是一个庞大而复杂的网络，人们可以在其中从任何给定的节点移动到任何其他节点，尽管可能需要最曲折的路线。

différance 延异

雅克·德里达创造的一个词，作为他对语音中心主义和存在的形而上学批判的一部分。这个词涉及一个双关语，因为它同时涉及 differ

（差异）和 defer（推迟或延期）的两种含义。此外，这个词本身也旨在展示言语对书写的依赖，因为对于法语使用者来说，*différence*（差异）和 *différance*（延异）之间的区别在听觉上是不存在的，只能通过视觉来区分。也就是说，这种差异是肉眼可见的，而非耳闻的。

difference 差异

即他者性（otherness）；对立［参见"二元对立"（binary opposition）］。在结构主义和后结构主义中，差异被赋予了重要地位，它被用来解释语言中最基本单位的生成方式。差异的修辞（以及他者性）也被用来揭示重要差异被隐藏甚至压抑的微妙而强大的方式。"我们感知到差异，"A. J. 格雷马斯指出，"并且由于这种感知，世界在我们面前'成形'，并服务于我们的目的"（1966：19）。

***definiendum* 被定义项**

拉丁语单词，指正在被定义的词或表达，与定义项（*definiens*，即作为定义或表达给出的内容）相对。在将"锤子"定义为"一种用于敲打和拔出钉子及类似物体的工具"时，"锤子"是被定义项，而"一种工具，等等"则是定义项。

Ding an sich 物自体

德语表达,意为"事物本身",通常与表象或现象(事物向我们呈现的样子)或表征(我们如何表示事物)相对。现代德国哲学家伊曼努尔·康德明确区分了事物本身和事物向我们呈现的样子,认为我们的知识仅限于表象。符号学的当代共同创始人之一查尔斯·桑德斯·皮尔斯,拒绝了不可知的物自体的概念。

discourse 话语;语篇

这个术语有时用于翻译 *parole* 一词[*parole* 更常见被翻译为"言语"(speech)]。费尔迪南·德·索绪尔将语言(*langue*)与言语区分开来,前者被视为一个自成体系的形式差异系统,后者则是个人说话者的实际话语。他这样做的目的是将语言作为语言学的正式研究对象,并认为语言学的研究应该集中在语言本身,而不是言语或话语。虽然语言向许多人传达了系统的概念(即说话者可以依赖的资源),但话语和言语则暗示了过程、参与和纠缠——历史上处于特定位置的主体所参与的斗争。表达"主导话语"通常用来指占据主导地位的话语,并且作为这种主导地位的一部分,排除了其他话语(例如女性或有色人种)的可能性。

discourse analysis（DA）话语分析

指对语言（*langue*）和/或言语（*parole*）（具体取决于特定作者的理论立场）进行句子层面以上的分析。语言学家的研究往往集中在句子上，以及用于生成句子的单位（如音素和义素）和规则上。因此，罗兰·巴特和其他符号学家进行了"第二语言学"或"话语语言学"的研究，以展示这些话语的单位和规则。传统语言学并非有错，而是需要补充：在巴特自己的比喻中，植物学家描述了花朵之后，并没有义务去描述花束。但其他人可能会，并且事实上已经感到了描述花朵如何被排列成花束（即话语）的必要性。叙事分析（narrative analysis，NA）可能是话语分析中最发达的部分。但 NA 只是 DA 的一种形式。

话语分析不应与会话分析（conversation analysis，CA）相混淆。DA 几乎总是根据结构主义原则进行，因此主要是一种形式化、演绎性的方法。相比之下，CA 是一种经验性、归纳性的方法，专注于检查实际会话的录音和近年来的录像带。

discursive practice 论述实践

这一术语的设计和使用旨在强调我们所参与的各种论述（如哲学、文学批评、政治评论）本身就是一种实践,而且它们是与其他非论述性实践相交叉的实践。我们如何阅读和写作、倾听和说话,都会影响到我们和他人如何谋生,以及以无数其他方式参与的各种实践,从而满足需求、产生欲望等,进而使社会本身得以延续。参见"实践"(praxis)。

displacement 移置

弗洛伊德术语,指将某种情感或冲动从其原始对象转移到另一个更可接受的对象上的过程或结果。例如,当一个对朋友感到愤怒的孩子对兄弟姐妹表现出敌意时,这种愤怒就被移置了。心理分析取向的符号学家,甚至其他人,都借助移置和凝缩来阐明语言的工作方式。

dissemination 传播;散播

罗兰·巴特和雅克·德里达使用的术语,用来表示文本的本质开放性和生产性。根据巴特和德里达等文学符号学家的观点,文本的功能不是表征性的,而是生产性的:它不是一面反映自然、历史、心理或任何其他事物的镜子,而是一个产生意义的机制。文本不是一个完成的产品,而是一个开放的过程。在这个过程中,读者有责任承担共同作者的角色。承担这个角色实际上意味着重写文本,而重写文本"仅仅在于将其传播,在无限差异的领域内将其分散开来"(Barthes 1974:5)。

distinction 区分

标记差异的过程;这种过程的结果。将区分两个或多个事物的过程,和分离他们的过程进行区分甚至分离是有用的。区分两个事物是一回事,而将它们分离开来,从而暗示它们是可以分离的(即它们可以彼此独立存在),则是另一回事。费尔迪南·德·索绪尔认为语言和言语是可以分离的,但罗兰·巴特则坚持认为它们只是可以被区分的:"语言绽放出话语,话语又回流到语言中。它们彼此叠加,就像孩子们在棒球棒上一个接一个地叠拳头"(Barthes 1982:471)。

double articulation 双倍切分

参见"切分"(articulation)。

dream 梦

根据西格蒙德·弗洛伊德、雅克·拉康和其他思想家的观点,梦应该被视为一种文本。梦,就像小说或戏剧一样,首先是一种邀请解读的现象。拉康等人在解读梦的过程中结合了精神分析和符号学理论的资源。

dualism 二元论

一种双重的区分。与二分法类似,二元论也暗示了一种明确的区分,通常是在两个相互排斥或完全不同的事物之间。例如,勒内·笛卡儿对人类的概念通常被描述为二元论的,即人是由两种根本不同的事物或实体组成的(一个非物质的心灵和一个物质的身体)。

查尔斯·桑德斯·皮尔斯认为,"我们自然而然地使所有的区分都过于绝对"(CP 7.438)。结果往往是产生了二元论的观点。皮尔斯提出,二元论"在其最广泛的合法意义上"是"一种用斧头进行分析的哲学,留下彼此无关的存在块作为终极元素"(CP 7.570)。在结构主义语言学和以此类语言学为模型的符号学传统中,费尔迪南·德·索绪尔及其追随者以二元论的方式区分语言和言语的情况可能就是这样。必要的区分不应被提升到绝对分离的程度。参见"连续性原则"(synechism)。

dyad 双;一对

对;序列、过程或任何具有两个部分、方面

或维度的东西。

dyadic 二元的

指由两项组成的。蝙蝠侠和罗宾这对充满活力的搭档就是一个二元组合。(这个词在数学上有一个专业含义,但在符号学中几乎从不使用这种含义。)

E e

Eco, Umberto 翁贝托·艾柯(1932—2016)

当代意大利符号学家、中世纪学者和小说家。他在符号学方面的工作范围从高度技术性和理论性的问题到对《超人》(*Superman*)和《疯狂小猫》(*Krazy Kat*)等漫画的分析。他特有的俏皮体现在他对符号学的定义之一,"符号学关注一切可以被视为符号的事物"——任何可以被其他东西所替代的事物。"这种其他东西不一定非得存在。因此,符号学在原则上是一门研究所有可以用来撒谎之物的学问"(1976:7)。在 1986 年的一次采访中,艾柯承认,"我所做的每一件事归根结底都是同一件事:固执地努力理解我们给周围世界赋予意义的机制"(Sullivan 1986:46;引自 Noth 1990:326)。

economy, principle of 经济性原则

指通过最小的努力(或输出)实现最大成就的原则。参见"缩写"(abridgement)。

écriture 书写

法语中表示"写作""脚本"的常用名词。当这个法语词在英文文本中未被翻译时,很可能是因为该词是在某位当代法国作者所赋予的一种或多种特定含义上被使用。在一种意义上,书写指的是一种不及物的活动,这是罗兰·巴特所提出的概念。参见"写作"(writing)。在另一种意义上,它指的是作为差异的书写,这是雅克·德里达所提出的观点。参见"元书写"(arche-writing)。在又一种意义上,它指的是一种能够辨识出性别差异的活动。女性书写(*écriture féminine*,有时被译为"女性写作")是一种书写形式,其中女性作者或说话者的独特且不可简化的性别特征既塑造了其言语的形式,也塑造了其言语的内容。

écrivain 作者

罗兰·巴特等人使用的术语,通常译为"作者";指文本的创作者,对于这些人来说,"写作"是一个不及物动词。在这个意义上,写作吸引读者关注的是写作活动本身,而不是其他事物。在这方面,"作者"(*écrivain*)与"写手"(*scripteur*, *écrivant*)不同,因为"写手"将写作视为从属于其他事物的活动。

écrivant 写手

参见"作者"(*écrivain*)。

ego 自我

拉丁语单词,意为"我",常作为心理分析术语使用,指人类心理的一个特定部分:作为本我(id)与现实或本我与超我(superego)之间媒介的那部分。

西格蒙德·弗洛伊德的精神分析理论影响了诸如雅克·拉康、朱莉娅·克里斯蒂娃和露西·伊利加雷等思想家。事实上,弗洛伊德之所以重要,既因为他的著作为符号理解做出了贡献(例如他对梦的解析的研究),也因为这些著作对其他人的影响。这要求我们对弗洛伊德以及更广泛意义上的心理分析话语中的一些关键术语有基本的了解。

emic/etic 文化特有/普遍

形容词,由肯尼斯·L. 派克创造,用于指称对语言或文化等事物研究的两种不同方法。文化特有方法(emic approach)指特别适应于某一语言或文化的研究方法,而普遍方法(etic approach)则是具有普遍适用性的研究方法。

在符号学研究中,符号可以从文化特有或

普遍的角度进行研究。适用于多个系统的符号类型学研究属于普遍方法,而对某一特定系统中特有的符号功能的描述则属于文化特有方法。

empiricism 经验主义

一种学说,认为所有知识都基于经验或观察。与认为人心具有天赋观念的观点相反,约翰·洛克和其他经验主义者认为,人心在出生时如同一块白板(*tabula rasa*),它拥有的唯一观念是在经验过程中获得的。然而,一些经验主义者(如查尔斯·桑德斯·皮尔斯)认为,即使我们的一些观念是天生的,并非来自经验,它们也只能诉诸经验来证实。对他们来说,我们观念的证实(而非起源)是决定性问题。

有时,"经验主义"被用作贬义词,指那些认为事实不言自明、因此解释工作可以避免的人的幼稚倾向。与此相反,有些人认为,事实不仅需要解释,而且被视为事实的东西会发生变化[参见"知识体系"(episteme)、"范式转换"(paradigm shift)]。对他们来说,事实是复杂且不断发展的干预过程的产物(例如物理学家的实验或人类学家在田野中的观察)。参见"理性主义"(rationalism)。

encoder 编码器

发信者或说话者;通过代码传递信息的人。参见"解码者"(decoder)。

encyclopedia vs. dictionary 百科全书/词典

参见"词典/百科全书"(dictionary vs. encyclopedia)。

engendering of subjectivity 主体性/主观性的生成/性别化

人类有机体通过被引入各种表征系统,从而成为主体——一个具有分裂性(意识/无意识)并带有性别或性别认同的存在的过程。该表达包含了一个双关语,因为它利用了"生成"(engendering,产生某物的过程和获得性别的过程)的两种含义。术语"主体"(subject)本身也常被以一种与其词源相关的方式使用,因为它通常指的是已经历了"臣服"(subjection)过程的存在;也就是说,一个我们的性欲冲动受到社会抑制的过程。

Enlightenment, The 启蒙运动

西方历史上一个特定的时代,从 17 世纪末到 18 世纪末(通常称为理性时代);一套在理性

时代被推崇的理想（最显著的是理性、自由、进步和自然），并被一些人认为具有普遍性或超历史的有效性。两个捕捉启蒙时代情感的口号，实际上是两个训令：贺拉斯的"*Sapere aude!*"（"敢于求知！"或更随意地说，"敢于独立思考！"），被伊曼努尔·康德在其文章《什么是启蒙？》(*What Is Enlightenment?*)的开篇引用；以及伏尔泰的"*Erasez l'infame*"（"粉碎耻辱"或"摧毁制度"）。

后现代情感在很大程度上是对启蒙运动中的理性、自由、进步和自然等理想的激进批判。以理性之名，许多非理性信仰得到了捍卫；以自由之名，无数暴行得以实施；以进步之名，自然环境被玷污，整个文化被消灭。因此，对这些据称具有普遍性的理想的抽象呼吁需要持怀疑态度；必须详细关注实际正在做什么，由谁做，对谁做以及为谁做。

enthymeme 省略三段论

一种论证方式，其中一部分（即前提之一或结论）未明确陈述。

***énoncé* vs. *énonciation* 表述/表述行为**

这两个法语术语用于区分被说出的内容

(即 *énoncé*)和说出这一内容的过程或行为(即 *énonciation*)。根据语言学家埃米尔·本维尼斯特设定的先例,*énonciation* 通常用于指说话者通过语言来表明立场的行为。这种立场的表明不可避免地涉及参与一个复杂、历史性的过程。在这个过程中,任何参与者都会受到各种形式的压迫力量;但同时,也会存在各种解放的可能性。*énonciation* 的这些特定特征一直是女权主义者的核心关注点。

épistémè 知识体系

希腊语单词,用于表示知识。米歇尔·福柯引入了这一术语,并广泛用于指在人类历史的特定时期,某个被视为知识的陈述或主张所依赖的、潜在而难觅的基础。在中世纪,神学被视为知识的最高形式("科学之母"),而在今天的大多数领域,它根本不被视为知识。原因是知识体系已经从一种转变为另一种[参见"认识论断裂"(*coupure épistémologique*)、"范式转换"(paradigm shift)]。中世纪被视为 *scientia*(或知识)的东西与今天被视为知识的东西截然不同。基础已经发生了转变。

在《事物的秩序》(*Les Mots et les Choses*,1966)一书中,米歇尔·福柯根据他的知识体系概念,考察了三个不同的时期(文艺复兴、启蒙运动以及从 19 世纪到现代结构主义的时期)。当时,他声称"在任何给定的文化和任何给定的时间,都只有一种知识体系定义了所有知识的可能性条件"(1966:168)。最终,他否认了他的知识体系概念是解释历史的一个"基本"或"根本"范畴,因此不再使用这一概念。但是,文本和思想有其自身的生命力,因此人们经常会在直接或间接受到福柯影响的思想家的著作中遇到知识体系的概念。

epistemological 认识论的;与知识相关的

epistemology 认识论;知识论;知识学

研究知识的学科,更全面地讲,是探讨知识的起源、性质、界限、合理性以及形式的学科。许多符号学家认为,对符号的正式和系统研究有能力改变这一哲学传统分支。

认识论一直是西方哲学家关注的焦点,特别是在现代时期。然而,在当代思想的许多领域中,以认识论为中心的哲学已经遭到了摒弃。

erasure 擦除

解构主义者如雅克·德里达使用的术语,

用来表示不可避免地要依赖那些不充分但必要的术语。德里达从马丁·海德格尔那里借用了"在擦除之下"(sous rature)这种写作方式。"符号"这个词是一个传统的深刻组成部分,在这个传统中,超验所指占据了最高可能的位置,以至于每当我们使用这个词时,都必然指向所指(即事物本身,与所有表象无关)。然而,为了质疑超验所指的概念,德里达别无选择,只能使用在某些方面强化了他所攻击的观点的语言。这种做法表明,为了摧毁一个框架,必须将自己置于其中。

Erklärung 解释

德语中的"解释",常与 Verstehen(理解)相对使用。通常认为,自然现象(如日食)需要解释,而文化产物(如文本、建筑、法律体系)则需要理解。进一步来说,*Erklärung* 和 *Verstehen* 被认为是两个本质上不同的过程。参见"人文学科"(*Geisteswissenschaften*)。

ethics of terminology 术语伦理学

制定和使用术语的一套规则或指南,特别是针对科学学科或致力于转变为科学的学科中的技术术语。为了促进哲学向科学的转变,查尔斯·桑德斯·皮尔斯发展了一套术语伦理学。

exegesis 解经学

对文本的解释或阐释。解经学传统中的思想家们,如弗里德里希·施莱尔马赫、威廉·狄尔泰、汉斯-格奥尔格·伽达默尔和保罗·利科,一直将文本的解释或阐释过程作为核心关注点。显然,这些过程也让符号学家产生了浓厚的兴趣。

experience 经验

一个常被理解为发生在个人或生物体内部的术语。查尔斯·桑德斯·皮尔斯和其他美国实用主义者重新定义了这一术语,认为它指的是自我与世界之间发生的一切。在第一种意义上,"主观经验"这一表达是多余的,类似于说"一个欺骗性的骗子"。但是,许多符号学家,特别是那些根植于皮尔斯传统的符号学家,反对将经验视为本质上是主观的或私有的。对他们来说,经验具有对话的形式:它是有意识的生物体与其世界之间持续的给予和接受。由于这种给予和接受,人类生物体获得了自我交流(即思考)和自我隐藏的能力。因此,产生了一种非常真实的"内在"生活感。但应该认清这种生活的本质：它是一个派生和互补的过程。在这里，主要且互补的是自我与他者之间的对话。从这个意义上说，经验就像德语单词 *Erlebnis* 所暗示的那样——是一个持续、转化的过程，人们经历各种重叠的情境，同时也是这一过程的累积产物。

约翰·迪利对人类经验给出了明确的符号学描述："符号学的观点是持续尝试以反思的方式接受并遵循一个简单认识的结果所产生的视角：我们的全部经验，从感官中最原始的起源到理解中最精致的成就，都是一个符号关系的网络或体系。"（1990：13）参见"经验主义"（empiricism）、"主体间性"（intersubjectivity）。

expression vs. content 表达/内容

语言学家路易斯·叶尔姆斯列夫使用的一组术语，用于重新命名费尔迪南·德·索绪尔分别称为能指和所指的概念。对索绪尔来说，符号是一个双面的实体：一面称为能指，另一面称为所指。路易斯·叶尔姆斯列夫发展了一种被称为分层或多级二元符号的模型（1943：58；又 Noth 1990：67）。这个模型非常复杂，路易斯·叶尔姆斯列夫的其他许多概念也是如此。但其核心是表达形式与内容形式之间的二元(或双项)关系。这是路易斯·叶尔姆斯列夫意义上的符号的核心。它显示了索绪尔的影响,并反过来影响了罗兰·巴特和翁贝托·艾柯等当代符号学家。

expressive 表达功能

当交流过程面向信息的发送者或说话者时,这种交流所具备的功能。

译者注: 这种功能强调的是信息传递者的主观情感和意图的表达,通过沟通来传达内心的想法、感受或态度。在符号学或语言学中,表达功能是与信息功能、指称功能和元语言功能并列的四种基本功能之一。通过表达功能,人们能够分享个人经验、情感和观念,增进彼此的理解和共鸣。

F f

fallacy 谬误；谬见

一个无效的论证；更广泛而言，是一个错误的观点或错误的陈述。

fallibilism 易谬主义

这一学说认为，我们关于现实的任何主张都可能出错或容易出错。这一学说不应与极端意义上的怀疑论相混淆（即，怀疑论在某种意义上等同于否认认识现实的可能性）。对于易谬主义者来说，绝对确定性是人类研究者无法达到的理想；尽管如此，我们或多或少地确信无数事物。当代符号学创始人之一查尔斯·桑德斯·皮尔斯强烈主张这一学说。

family resemblance 家族相似性

路德维希·维特根斯坦提出的概念，用以说明一个词的普遍性可以得到解释，而无需假设所有可以被该词恰当指称的事物拥有单一本质。在《哲学研究》中，维特根斯坦邀请读者思考"我们称之为'游戏'的活动。我指的是棋盘游戏、纸牌游戏、球类游戏、奥运会等。它们之间有什么共同之处?——不要说'必定有某种共同之处,否则它们就不会被称为"游戏"——但要看看是否真的有共同之处'"(♯66)。当我们真正去观察时,我们发现的是"一个复杂的相似性网络,这些相似性相互重叠、交错:有时是整体上的相似性,有时是细节上的相似性"。维特根斯坦认为,"用'家族相似性'来形容这些相似性再好不过了"(♯67)。"游戏"这个词并没有一个本质的意义:它在不同情况下被有意义地使用,并且这些用法之间存在家族相似性。这意味着,在所有能够恰当地用"游戏"这个词来指称的活动中,并不存在一个单一的属性或属性集。在这里,维特根斯坦以其特有的方式提醒我们注意日常语言的复杂性。

fashion 时尚

罗兰·巴特在其著作《时尚体系》(*The Fashion System*,1967;1983年英文版)中系统地开辟了一个符号学研究领域。正如建筑不仅仅被设计用来为我们提供庇护[参见"建筑学"(architecture)],衣服也不仅仅被设计用来为我们遮体[参见"多功能的"(polyfunctional)]。它们是我们表达自我的方式之一。对这些"陈述"及相关事项的探讨属于符号学的范畴,尤其是当这些陈述可能遵循一种或多种代码时。

firstness 第一性

参见"皮尔斯范畴论"(Categories, Peircean)。

译者注:在查尔斯·桑德斯·皮尔斯的范畴论中,第一性是构成现实的基本范畴之一,它指的是事物的直接性、即时性和纯粹性,即事物作为其自身而存在的直接经验或感知,不依赖于与其他事物的关系或属性。在皮尔斯的符号学理论中,第一性也是符号解释过程中的一个重要方面,它涉及符号的直接意义或直观感受。

form of life (*Lebensform*) 生命形式

路德维希·维特根斯坦及其追随者使用的一个表达,用来指称一种制度、实践和话语的总和,只有在这样的背景下,语言游戏(维特根斯坦的另一个核心概念)才有意义。在拍卖中出价的语言游戏只有在相互交织的制度、实践和话语的背景下才有意义;脱离了这个背景,竞拍者的叫喊就不过是声音和愤怒,毫无意义。

生命形式的概念是维特根斯坦为了阐明语

言不是一个抽象的系统,而是一组嵌入在某种生活方式(或形式)中的实践而设计的。理解语言的方式不是将其从人类行动和经验的背景中抽象出来,而是看到要共享一种语言,人们必须共享一种生命形式。

function 功能;函数

要执行的任务或角色;执行这一任务或角色的行为或方式;两个变量之间的关系。

罗曼·雅各布森在我们的交流过程中识别出了六种可能的功能。当这种交流面向(或指向)信息的发话者或发送者时,它起到情感功能;当面向接收者时,起到意动功能;当面向语境时,起到指称功能;当面向交流的接触或渠道时,起到接触功能;当面向使交流成为可能的代码时,起到元语言功能(元语言的或元符号的);当面向信息本身时,起到诗意的或审美的功能。

在叙事学中,"功能"一词也占据核心地位[参见"行为主体"(*actant*)]。

G g

Geisteswissenschaften 人文科学

德语单词,用于指称人文科学,以区别于 *Naturwissenschaften*(自然科学)。长久以来,并且在很大程度上,人们习惯于将人文科学视为旨在理解(*Verstehen*)的学科,而将自然科学视为旨在解释(*Erklärung*)的研究。*Geisteswissenschaften* 大致对应于英美话语中所称的社会科学。但是,由于人文科学的研究背景在某些方面与我们自己的社会科学研究背景存在显著差异,因此两者之间存在重要差异。其中最重要的是,在欧洲大陆,人文科学并没有以自然科学为模型来构建;而在英国,尤其在美国,人文科学在很大程度上是以自然科学为模型的。

gender/sex 性别/生理性别

性别通常被视为一种社会构建的身份形式,而生理性别则是一组生物遗传的特征。参见"主体性/主观性的生成/性别化"

(engendering of subjectivity)。

general 一般

查尔斯·桑德斯·皮尔斯经常把这个词用作名词,来指代一种属性或规律性,它可以由无数具体实例或例子来体现。在这个意义上,习惯就是一个"一般"的例子;同样的习惯(比如固执或慷慨)可以存在于无数人身上。不仅"一般"可以有无数的具体实例,而且其中许多还是无数事件或行为的来源。皮尔斯认为,有些"一般"是真实的,他称这一立场为"经院式实在论"(scholastic realism)。

Gestalt 格式塔

指一个被感知为整体的存在,这个整体不能简单地还原为其各个部分的总和。

译者注:格式塔心理学强调整体大于部分之和,即整体具有其独特的属性和意义,这些属性和意义不能仅通过其组成部分来理解。

glotto-,glutto- 口语的

这两个词缀都源自希腊语中表示"舌头"的单词,因此与语言有关,或更狭义地说,与口语有关。

译者注：在语言学或相关领域的研究中，这些词缀可能用于表示与舌头、发音、口语表达等相关的概念或术语。然而要注意，这两个词缀在现代语言学中并不常见，可能更多的是在历史语言学或词源学的研究中被讨论。

glottocentrism 语言中心论

在符号学中，任何将语言尤其是口语视为符号系统的中心或最重要部分的观点都被称为语言中心论。这种观点不仅将语言作为研究的主要对象，而且通常还以语言为参照（即根据对语言的研究得出的范畴和区别）来研究其他所有符号系统。费尔迪南·德·索绪尔的符号学就是语言中心论的代表。对于索绪尔来说，语言不仅是最复杂、最普遍的表达系统，而且也是最具代表性和启发性的系统。因此，他提出了语言学（或语言科学）作为"所有符号学分支的典范模式"，尽管语言只是无数符号系统中的一个特定系统(68)。

glottogenesis 音位符号系统的起源或演化

音位符号系统（即语音符号系统）的起源或发展过程。目前普遍认为，音位符号系统的起源或演化大约始于五万年前。此外，还可以参见"符号起源"(semiogenesis)。

译者注：这是一个更广泛的概念，涵盖包括音位符号系统在内的各种符号系统的起源和发展。

grammar 语法；语法学；语法规则

一套规则，用于支配符号系统中基本单位的形成和组合。

grammatology 写作学

雅克·德里达引入的术语，用以指代他关于写作的一般性理论。然而，在这个上下文中使用"理论"一词(尽管德里达本人也这样做)有些误导性，因为他的一个主要目标就是要表明，关于写作的理论或科学是不可能的。写作学的目的是取代一般的符号学理论，并最终瓦解存在的形而上学。传统上，我们认为言语是首要的，而写作是派生的：图形符号是基于听觉符号的；我们还认为我们可以说是面对面地接触现实。

Greimas，Algirdas Julien 阿尔吉达斯·朱利安·格雷马斯(1917—1992)

当代具有影响力的符号学家和叙事学家。

他的著作包括《结构语义学》(*Structural Semantics*, 1966; 1983 年英文版)、《意义论》(*Du sens*, 1970)、《论诗性话语理论》(*Pour une theorie du discours poetique*, 1972)以及《论意义》(*On Meaning*, 1987)。

ground 基础

查尔斯·桑德斯·皮尔斯使用的术语,用来指称某物被装备或设计作为符号载体(代表除自身以外的其他事物)的方面或特性。并非符号载体的所有属性都与其作为符号的功能相关。例如,一个停车标志是由木头还是金属制成并不重要;然而,它是八角形还是三角形,或者是红色还是绿色,则至关重要。任何作为停车标志的物体都是凭借其特定的一组属性发挥作用的。符号的这些属性加在一起,被称为其"基础",因为它们为某个实体或事件充当符号载体提供了基础。

皮尔斯的一些当代诠释者(最著名的是 T. L. 肖特)有力地论证了这样一种观点:基础的一般概念已被符号功能的特定分类取代——根据符号与其对象的关系对符号进行分类。根据这种分类,有些事物因与对象的相似性而成为符号载体,在这种情况下,它们作为象似符

(icons)起作用；其他事物则因与对象的实际物理联系而成为符号载体，在这种情况下，它们作为指示符(indexes)起作用；还有一些事物则因与对象的习惯性联系而成为符号载体，在这种情况下，它们作为象征符(symbols)起作用。因此，将符号载体分类为象似符、指示符或象征符，就指出了它作为符号代表其对象的方面或特性。因此，这种特定的分类可以视为取代了基础的一般概念。

H h

habit 习惯

在某些情况下以特定方式行事的倾向,尤其当行动者受到某些动机的驱使或指导时(例如,参见 CP 5.480)。对于查尔斯·桑德斯·皮尔斯来说,符号的意义最好是通过它们产生、维持和改变的习惯来理解。当我说一把刀很锋利时,我的意思是它具有切割各种物体的能力。我使用切割工具的倾向与我避免受伤的动机相结合,就是实用主义意义上的锋利性。参见"信念"(belief)、"一般"(general)和"实用主义"(pragmatism)。

haecceitas, hecceity 此性;个体性

"此性",即作为个别存在物所具有的地位或属性,与普遍性质相对。中世纪哲学家约翰·邓斯·司各脱使用 *haecceitas* 这一术语来指代个体化原则(即通过该原则,如人性这样的普遍性质在无数个体中得到具体化)。查尔斯·桑德斯·皮尔斯也采用了这一术语,并用于相同的目的,即识别个体化原则(例如,参见 CP 1.341、1.405)。参见"一般"(general)、"此地此刻"(*hic et nunc*)、"个体"(individual)。

hermeneutic, hermeneutics 诠释学;解释学

这个词(源于希腊神赫耳墨斯的名字,赫耳墨斯是众神的传令官和信使)在广义上常用来指解释的艺术或理论,尽管其原始意义是对神圣经文的解释。关于解释的本质和形式,有一个悠久的反思传统。这一传统包括 19 世纪的弗里德里希·施莱尔马赫和威廉·狄尔泰等思想家,以及 20 世纪的马丁·海德格尔、汉斯-格奥尔格·伽达默尔和保罗·利科等思想家。这是一个丰富的传统,与符号学的一些最核心问题直接相关。

伽达默尔说:"根据诠释学的原始定义,它是'通过我们自己的解释努力,阐明和调和我们在传统中遇到的人[即与我们自身有一定距离,无论是历史距离还是文化距离的人]所说[或所写]的内容'的艺术。"(1976:98)

hermeneutics of suspicion 怀疑的诠释学

保罗·利科引入的一个表达,用于指代一种解读文本或话语的方法,其主要关注点在于揭示未说出的内容,而非恢复已说出内容的意义。这种方法致力于将通常隐藏在文本或话语中但至关重要的内容——有时甚至是核心的——带到表面。卡尔·马克思和西格蒙德·弗洛伊德常被视为怀疑的诠释学的大师,因为马克思致力于揭露意识形态的扭曲,而弗洛伊德则致力于揭示无意识动机。弗里德里希·尼采也被广泛认为是异常擅长揭示"幕后真相"的思想家。

heterocriticism 异体批评

由他人而非被评价或被批评者本人(异体-)进行的批评。自我批评(或自体批评,也称为自我批判)的对立面。

查尔斯·桑德斯·皮尔斯将规范科学定义为那些致力于提供审议行为(对可接受更精细形式的批评、修订和控制的行动)一般理论的哲学学科。他坚持认为,"如果行为要彻底审慎,那么理想状态必须是养成一种习惯的情感,这种情感是在一系列自我批评和异体批评的影响下培养起来的……"(CP 1.574)。我们的行为——我们对美好、高尚、令人钦佩或可爱的事物的感受,以及因此对最值得具体体现的事物的感受——的最终源泉,都应接受自我批评和异体批评。

heuristic 启发式的；试探的

指有助于学习、发现或探究。当查尔斯·桑德斯·皮尔斯描述他的普遍范畴具有启发式功能时，他的意思是，它们是可用于探究任何主题的器具或工具。

hic et nunc 此地此刻

拉丁语，意为"此地和此刻"。事物的此地性和此刻性被中世纪思想家约翰·邓斯·司各脱以及后来的查尔斯·桑德斯·皮尔斯用来解释它们的"此物性"或个体性（一个事物是此物而非彼物，是由它在此地而非彼地以及发生在此刻而非彼时所决定的）。换言之，此地性和此刻性是个体性的标志。个体是实际存在于此地此刻或一系列时空位置中的事物。根据皮尔斯的观点，个体存在物的存在模式与一般性质（例如，人性）的存在模式截然不同。参见"此性"（*haecceitas*）、"一般"（general）、"个体"（individual）、"现实"（reality）。

homo loquens 使用语言或说话的动物

这是人类物种被命名和定义的多种方式之

一。当然,最常见的名称是 *homo sapiens*(智人)。但除了 *homo loquens* 之外,其他替代称谓还包括 *homo faber* 或 *homo habilis*(工具的使用者和制造者);*homo prometheus*(火的使用者);*homo ridens*(会笑的动物);*homo ludens*(爱玩的动物);以及 *homo politicus*(政治动物)。恩斯特·卡西尔提出了 *animal symbolicum*(符号动物)的概念。

humanism 人文主义

常在广义上使用,表示对人类价值和尊严的肯定;狭义指一种文化和知识运动,始于文艺复兴时期(如果不是更早的话),并受到特定人类形象的影响。意识、自主(主要从摆脱传统和暴君意志束缚的消极意义上的自由去理解)、个性以及对自然的控制是这一形象最显著的特征。参见"反人道主义"(anti-humanism)。

hypostatic abstraction 实体抽象

查尔斯·桑德斯·皮尔斯识别和强调的一种抽象形式。他区分了两种类型的抽象:实体抽象和分离抽象(例如,参见 CP 4.235)。对于分离抽象,他大致指的是今天通常所称的抽象;对于实体抽象,他指的是一个被陈述断言的属性或形式操作转化为一个理性存在（ens rationis）——即一个独立实体的过程。实体抽象的一个例子是，从命题"这件衣服是白色的"中，将陈述断言部分（白色）转化为主语，其他属性可以对其进行陈述断言（"它的白色很亮丽"）。对于形式运算，也可以进行类似的处理：某个运算本身可能会成为另一个运算的对象。例如，将两个元素结合起来的运算可能成为相互反转的主体：在结合了（A+B）之后，我们可能会推导出（B+A）。实体抽象使我们能够将断言转化为主语，或者对本身就是运算的对象进行运算。虽然"经济主体"是分离抽象的一个例子（因为它是为了有针对性的研究目的，从多维主体的某些特征中挑选出来，而忽略无数其他特征），但"贫困"似乎是实体抽象的结果（通过将用来陈述断言的属性"他很穷"转化为一个可以陈述断言其他事物或性质的术语，即"贫困是摧毁灵魂的"）。

符号生成和符号解释的理论本身也依赖于抽象。皮尔斯提出，"实体抽象的奇妙操作……为我们提供了将陈述断言从我们思考或通过其思考的符号，转变为被思考的主体的手段。我们因此思考思想符号本身，使其成为另一个思想符号的对象"（CP 4.549；参见 CP 2.227）。

符号最好被描述为既非输入也非输出,而是通过"量",因为它们将一件事物传递给另一件事物。它们在原本分离或无关的事物之间建立联系。因此,它们往往,也许是典型地,通过隐现自身来发挥其功能,即通过引起对其他事物的关注而非对自身的关注来发挥其功能。当我盯着一个单词的字母作为凝视的对象时,我就会沉迷其中;这种沉迷是如此彻底,以至于我所关注的形状已经不再是符号,正是因为我在关注它们本身,而不是通过它们去关注其他事物。它们是对象,是我注意力集中的焦点——而不是符号,不是我注意力传递的载体。即便如此,符号作为符号,在某种程度和方式上,也可以成为关注和研究的对象。对于皮尔斯来说,实现这一点的方式首先取决于实体抽象。

hypothesis 假说;假设

为解释令人困惑的事物[参见"现象"(phenomenon)]而提出的猜测或设想。查尔斯·桑德斯·皮尔斯有时将此术语用作"溯因推理"(abduction)的同义词。他认为,探究涉及三种推理形式之间的相互作用。假说或溯因推理在某种程度上处于这种相互作用的中心,因为演绎的主要功能是从假设中推导出结果，而归纳的主要任务是根据这些结果来检验假设。皮尔斯符号学家经常主张，当我们阅读文本时，我们就是在进行这样的探究过程。

I i

I 我

第一人称单数代词,在符号学著作中常用作名词,表示主语。这样使用"I"的一个原因是强调语言学家埃米尔·本维尼斯特的见解,即只有在语言中且通过语言,人类才能将自己构成为主体。这里所说的主体性不是由隐私定义的,而是由反身性定义的,不是由对他人的不可见性定义的,而是由能够谈论和指称自己定义的。参见"我思"(*cogito*)、"主体性/主观性的生成/性别化"(engendering of subjectivity)。

icon 象似符;类象符号

查尔斯·桑德斯·皮尔斯使用的术语,用于指称一种特定的符号或符号功能,其中符号载体通过相似性或相像性来表示其对象。地图是象似符的一个例子,因为它通过可识别的同构性来表示一个地区或地形:纸上的构型与某个地区的构型相似(曲线类似于蜿蜒的河流,线条网格类似于街道网络,等等)。

皮尔斯对象似符的定义是复杂符号分类的一部分。在这里，只需注意象似符是包括指示符（index）和象征符（symbol）在内的三元组的一部分。皮尔斯认为这个三元论（或三分法）是"符号最基本的分类"(CP 2.275)；它无疑是皮尔斯符号学理论中最具影响力的理论之一。这种三分法的基础是符号与其对象之间的关系。（另外两个三分法的基础，一方面是符号本身的性质，另一方面是符号与其解释项之间的关系。）如果一个符号通过与其对象的相似性而与该对象相关联，那么它就是象似符。如果它通过与对象的某种物理或实际联系（例如，风向标被风吹动从而指示风向）而与对象相关联，那么它就是指示符（或指示符号）。如果一个符号通过某种习惯或倾向（无论是天生的还是习得的）而与对象相关联，那么它就是象征符。

在皮尔斯的意义上识别象似符似乎威胁到了费尔迪南·德·索绪尔及其追随者所强调的任意性。即使是深受皮尔斯符号学理论影响的思想家翁贝托·艾柯，也感到有必要对象似主义提出批评（1976：191ff）。

iconicity 象似性

具有象似符的地位或属性；履行象似符的

功能或扮演象似符的角色（一种通过与其对象相似而代表该对象的符号）。

id 本我

拉丁语中意为"它"，常用作精神分析学术语，指称位于自我（或"我"）和超我之下的广阔、非人格化的心理区域。是人的驱动力所在，也是力比多（libido）的源泉。

卡尔·马克思和西格蒙德·弗洛伊德都对符号学家产生了广泛而深远的影响，尤其在欧洲。从马克思主义话语中借用的术语构成了符号学著作中的一个重要方面，而从弗洛伊德话语中借用的术语则构成了另一个方面。弗洛伊德精神分析词汇中最基本的术语之一就是 id。

译者注："力比多"是 libido 的音译，为精神分析理论术语，指个体追求快感的内在驱动力或本能能量。由奥地利著名心理学家西格蒙德·弗洛伊德提出。在拉丁文中，libido 意为"欲望"。

ideological superstructure 意识形态上层建筑

这一术语源自卡尔·马克思的著作，用于指称由经济基础产生并维持的论述性实践（如神学、哲学、文学等)。这些可区分的学科和论述性实践既源自经济基础又反哺经济基础；但对马克思及其追随者来说，经济基础是首要的，意识形态上层建筑则是派生的。使用"论述性实践"这一表述旨在强调，即使是我们的理论追求也是历史上形成并不断发展变化的实践。这些追求依赖于有限资源的分配；而且，除了实践者的愿望或意图外，它们还在某种程度上服务于负责分配这些资源的权力。

ideology 意识形态；思想体系；观念学

在马克思主义话语中，这个术语通常意味着"虚假意识"；更一般地说，它是指服务于某个群体的思想体系。在这个更广泛的意义上，我们可以说(正如马克思本人经常做的那样)有一种革命意识形态，即服务于那些试图从现状中夺取权力的人的思想体系。除了将意识形态视为一种有关权力维护、增强、篡夺等的思想体系外，将所有话语都视为具有意识形态或涉及意识形态维度也是有帮助的。所有符号的使用，以这样或那样的方式，都与权力的拥有有关；因此，所有符号都表现出意识形态维度。米歇尔·福柯和女性主义作家如露西·伊利加雷等的著作探讨了这一维度无处不在却又微妙的存在。

idiolect 个人语型;个人语言变体;个人方言

一种独特的或具有个人特性的语言或话语形式。

illocution;illocutionary act or force 语内表现行为;言外行为或言外之力

言外行为,指的是一种通过说出话来执行某种行动的话语,这种行动通常是制度上或社会上认可的一种行动形式(例如,在适当的场合说出适当的话语——"我为你施洗,彼得·卡洛"——牧师就执行了洗礼仪式)。言外之力,则是指话语中相当于任何行动的那个维度或方面。在日常生活中,我们的许多话语都相当于行为——比如,做出承诺或辱骂他人,表达赞美或给出指示。话语对听话人或受话人产生的影响被称为言后之力(perlocutionary force)。因此,当说话人说"我累了",而听话人或受话人正确地理解为"我们回家吧",虽然听话人可能会感到恼怒甚至怨恨。这种感觉就是话语的言后之力。

imaginary order or register 想象界或想象域

雅克·拉康用于描述人类主体经验中三个界域(或领域)之一的术语,另两个术语是象征界(symbolic order)和实在界(real order)。想象界(通常简称为想象)是俄狄浦斯情结之前的阶段,而进入象征界和俄狄浦斯冲突则是同一过程的不同方面。想象界是我们经验中由认同和二元性主导的界域,它不仅先于俄狄浦斯冲突,而且在冲突爆发后,它仍然与象征界并存。

immediate knowledge 直接知识

通常用作"直觉知识"(intuitive knowledge)的同义词,指不以任何因素(如符号)为中介的知识。在日常用语中,直觉通常指一种预感或暗示。受查尔斯·桑德斯·皮尔斯等人影响,这个词在符号学话语中的意思完全不同,通常指对某个对象或事件的瞬间、直接且无误的理解。

一个(据称是)直觉或直接知识的例子是鲁滨孙·克鲁索对星期五的直接感知。在直接感知到他所流落的岛屿上还有其他居民之前,鲁滨孙·克鲁索知道那里有其他人存在,但这种知识是论述性的或经过中介的。他根据新鲜的脚印推断出自己并不孤单。皮尔斯等人坚持认为,作为一种知识形式,感知与其他形式的人类知识在性质上并无不同,只是程度上的差异。即使我们对物体和事件的直接感知,也是充满解释和推断的认知过程的一个实例。参见"溯因推理"(abduction)。

index 指示符;指示;指示符号

这一用法由查尔斯·桑德斯·皮尔斯确立,并被当代符号学家广泛采用,用以表示一种特定类型的符号或符号功能,其中符号载体通过实际或物理联系来表示其对象。例如,风向标就是一个指示符,因为它通过风与风向标之间的实际联系来指示风向。

根据皮尔斯的理论,符号与其对象之间的关系可能有三种不同的方式:基于相似性[这类符号被称为象似符(icon)];基于实际或物理联系(即指示符);或基于习惯,无论是天生的还是后天习得的[即象征符(symbol)]。指示符(也被称为指示符号,偶尔也简称为指示)是指那些符号载体与其对象之间存在实际或物理联系的符号。

individual 个体

这个词经常与"主体"(subject)相对使用;同时,查尔斯·桑德斯·皮尔斯也用它来表示与"个体"一词词源紧密相关的概念(即不可分割的或不能分解为更简单或更小的部分)。让我们详细考虑这两种含义。

将人类视为个体与将人类视为主体是两码事。从西方人文主义继承下来的关于人类的主导形象是,人类被定义为有意识、统一且自主的个体。然而,对于像米歇尔·福柯、雅克·拉康和雅克·德里达这样的后现代主义者来说,这一形象的每一个方面都需要受到质疑,或者至少需要受到严格的限定。我们需要用对我们作为主体的地位的理解来取代我们作为个体的自我形象。具体来说,这意味着我们需要将重点从意识转移到无意识,从统一转移到分裂,从个体的自主性转移到文化的过度决定。主体不仅是一个分裂或分离的存在(意识/无意识),而且是一个意识在其中主要扮演表面和无效角色的存在。我们的自由范围极其有限,甚至可能完全是一种幻觉,因为我们的行为、思想甚至欲望都受到文化力量彻底和无情的影响。

与"一般"(general)相对,皮尔斯意义上的个体是存在物或现实,它们的存在方式是在此时此地为自己争得一席之地。他有时将这种意义上的个体称为"逻辑原子",因为它们被认为是无法分解为更小或更简单的实体的。他否认这种原子的存在,认为我们所熟悉的唯一存在物不是绝对个体(即彻底反一般的)。因此,对于皮尔斯来说,绝对个体性是一个理想极限,它只能通过在此时此地被迫体验的现实或存在物来近似。

induction 归纳

归纳是一种可能性的推论。在归纳论证中,前提或证据使结论成为可能或大概为真;而在演绎论证中,前提被提出就仿佛它们必然导致结论为真。查尔斯·桑德斯·皮尔斯强调,在我们的探究中,归纳、演绎和溯因这三种推论形式是相互协作的。溯因是形成假设的过程,演绎是确立假设的必要结果或蕴含的过程,而归纳则是检验这些假设的过程。

然而逻辑学家认为,归纳这个词经常被松散且不正确地用来表示从特殊真理推导出一般甚至普遍真理的过程。与这种归纳的意义相类似,演绎(也以一种松散的方式)被理解为从一般或普遍真理推导出特殊真理的过程。

inference 推论

推论是一个过程,通过这个过程,一个陈述可以从一个或多个其他陈述中推导出来;它描述了这种推导过程所遵循的形式。如果你知道 A 比 B 年长,而 B 又比 C 年长,那么你可以推导出 A 比 C 年长。从这两个陈述中推导出"A 比 C 年长"的过程就是一个推论,它是基于在无数其他推论中发现的一般形式或模式。

infelicitous 不适切的, infelicity 不适切性

J. L. 奥斯丁使用的两个术语,描述除表述话语(即询问其真假有意义的语句)以外的表述如何显得不恰当、不适宜或笨拙。如果我说托马斯·杰斐逊是美国第一任总统,那么我的表述是假的(因为这样的表述是一个表述话语);但是,如果我在 1989 年 3 月 28 日承诺在 3 月 26 日与你见面,那么我的表述不是假的,而是不适切的。因此,当承诺、誓言等的表述执行得不好甚至错误时,说它是"假的"是错误的,我们应该说它是"不适切的"。

inquiry/conversation 探究/对话

探究,是为发现真理而进行的一个过程;对话,是为了交流本身而进行的一种互动,且拒绝承认任何"对话外的约束"。查尔斯·桑德斯·皮尔斯在广义上将探究定义为任何能够克服怀疑并确立或固定信念的过程。他和其他人认为,探究或调查的目的是发现之前未知的真理,而哲学是一种或应该追求成为一种探究的形式。理查德·罗蒂最近提出用对话来替代探究（或调查）。人类话语的目的不是为了复制现实（即将自然或历史作为镜子），而是为了以越来越有创造性的方式应对我们所面临的实际情况。参见"会话/探究"（conversation/inquiry）、"传播"（dissemination）。

intentionality 意向性；意向论；意图性

用于表示在所有表现形式中，意识总是被描绘为对某物的意识或觉知的术语。这一意识的特征或属性为现象学家所强调。

interpretant 解释项；阐释义

查尔斯·桑德斯·皮尔斯使用的术语，符号或符号过程的三个基本组成部分之一。根据他的观点，符号是不可还原的三元体，其组成部分包括符号（或符号载体）本身、对象和解释项。解释项不应与解释者混淆：解释项是符号作为符号本身所产生的结果，而解释者是一个个人主体，参与并可能控制解释过程。解释项并非符号产生的任何结果。作为符号的某物可能会产生与其作为符号本身无关的效果：例如，指示飞机失事幸存者存在的火可能会引发森林大火。森林大火是一个偶然的结果，因此不是求救信号

(或指示幸存者所在位置)的解释项。

interpreter 解释者

从事解释过程的人,对文本、话语或其他符号学现象进行解读的人。不应将解释者与查尔斯·桑德斯·皮尔斯所说的解释项相混淆。在《基督教问题》(*The Problem of Christianity*)中,乔赛亚·罗伊斯提出了一种解释理论,其中强调了解释者的角色和地位。虽然在这部作品中,他明确承认了自己对皮尔斯符号学理论的借鉴,但他也超越了这一理论,发展了皮尔斯本人没有深入探讨的符号学的一部分。

皮尔斯有时分别用发话人和解释者来指称信息的发送者和接收者。

intersemiotic 跨符号学

指发生在两个不同符号系统之间的关系。相比之下,内部符号学属于或发生在同一符号系统内。

intersubjectivity 主体间性;交互主观性

两个或两个以上不同的主体或人之间以某种方式相互关联的状态。如果主观性指的是内在或私人的领域,而客观性指的是外在或公共的领域,那么主体间性首先指的是两个人(或三个人及以上)之间发生的事情。显然,大多数交流形式都是主体间性的。既然思想最好被视为自我与自身的对话,我们应避免将所有交流都归类为主体间性。我们通常认为某物要么是主观的,要么是客观的:它要么发生在自我内部(而且是一个与其他人隔绝的自我),要么发生在自我外部。主体间性的概念帮助我们认识到,大多数(如果不是全部)人类经验和行为都发生在自我与他人之间。符号可以被定义为自我与他人之间这种持续且具有变革性的对话的媒介。一些符号学家(例如查尔斯·桑德斯·皮尔斯和米哈伊尔·巴赫金)甚至肯定主体间性的首要性。参见"互文性"(intertextuality)。

intertextuality 互文性;文本间性

朱莉娅·克里斯蒂娃引入的术语,并被文学理论家广泛采用,指称某一文本与其他文本之间复杂的关联方式。正如没有脱离其他符号的符号一样,也没有脱离其他文本的文本。克里斯蒂娃曾言,"每一个文本都像是其他文本的马赛克拼贴画,每一个文本都是对其他文本的吸收和转化。互文性的概念取代了主体间性的概念"(Kristeva 1969: 146)。

"互文"一词可能指的是一个借鉴了其他文本的文本,也可能指的是被另一个文本所借鉴的文本。有时,这个词也指两个文本之间或几个文本之间的关系。

intrasemiotic 内部符号学

属于或发生在同一符号系统中。相比之下,跨符号学指的是两个不同符号系统之间的关系。当一位萨克斯手在即兴演奏中对另一位萨克斯手的演奏做出回应时,就发生了内部符号学的交流,因为两者都在音乐的符号系统中运作。然而,当一位舞者将这些音乐的即兴创作转化为即兴动作时,就发生了跨符号学的交流。

intuition 直觉,intuitive knowledge 直觉知识

"直接知识"(immediate knowledge)的同义词。查尔斯·桑德斯·皮尔斯在技术上使用"直觉"一词,指的是不由任何其他认知决定,而仅由意识之外的对象决定的认知。显然,一个论证的结论是由其他认知决定的认知,而对一张桌子的感知则显然是由意识之外的对象(即桌子本身)单独决定的认知。因此,感知被视为一种直觉,是直接(即无中介)知识的一个实例。皮尔斯否认存在这种意义上的直觉——坚持认为我们所有的认知都是由各种符号作为中介的——从而为人类认知或知识的彻底符号学解释打开了大门。

Irigaray, Luce 露西·伊利加雷(1933—)

法国当代女性主义批评家和理论家,她对西方哲学和精神分析理论的解构性解读在美国和欧洲产生了广泛的影响。

irredicible 不可还原的,irreducibility 不可还原性

不可还原性是指某物不能在不损失其本质的情况下被简化为更简单的东西的属性或状态;不可还原的,即不能在不损失其本质的情况下被简化为更简单的东西。查尔斯·桑德斯·皮尔斯对符号的理解的核心在于,他声称符号是不可还原的三元或三项的。比较以下两个三元关系:A 从 B 移动到 C 和 A 把 B 给 C。根据皮尔斯的观点,第一个关系可以在不损失其本质的情况下简化为一对二元关系——A 离开 B 和 A 到达 C。相比之下,给予的行为不是两个不同行为——A 丢弃 B 和 B 被 C 拥有——的偶然结合。在给予的行为中,三个项(给予者、礼物和接受者)是密不可分的;也就是说,给予是不可还原的三元行为。

iteration 迭代,iterability 可迭代性

迭代指某物(如符号)被复制或再现的过程或活动;可迭代性指能够重复或再现的能力,即能够一次又一次地被重复或产生。通常被认为是符号的一个基本特征。查尔斯·桑德斯·皮尔斯在这个问题上非常明确:"一个表象(或更简单地说,一个符号)的存在方式是这样的,即它能够被重复。"(CP 5.138)

J j

Jakobson, Roman 罗曼·雅各布森(1896—1982)

当代语言学家,其工作代表了索绪尔和皮尔斯符号学研究传统的重要综合。雅各布森认为:"符号学的主题是任何信息的交流,而语言学的领域则局限于言语信息的交流。因此,在人文科学的这两个领域中,后者的范围更窄;但另一方面,任何非言语信息的人类交流都预设了一个言语信息的循环,反之则不然。"(引自 Noth 1990:75)

***jouissance* 愉悦**

法语单词,意为"狂喜"或"极乐",常用来描述性高潮的体验。罗兰·巴特使用这个词来标识一种特定的文本类型,以及与此相关的特定阅读体验。参见"'极乐'文本"(bliss, texts of)。

K k

Kristeva, Julia 朱莉娅·克里斯蒂娃(1941—)

当代符号学家,她的工作深受其精神分析背景的影响。根据克里斯蒂娃的观点,符号的研究者应该努力使符号学不仅仅是通过逻辑公式来"模拟表意实践的经验科学"。她认为,"在符号学生产的每一个瞬间,它都在思考它的对象、它的工具以及它们之间的关系"。这样构想和进行的符号学,"是一种开放的研究形式,是一种不断反思并进行自我批判的批判"(引自 Noth 1990:322)。

L

Lacan, Jacques 雅克·拉康(1901—1981)

法国当代精神分析学家和理论家,对当今的符号学产生重要影响。他的贡献常被描述为从结构主义角度对精神分析学进行深远的重新诠释。特别是他关于人类经验的三个层次或领域的概念——想象界、象征界和实在界——已被当代符号学家所采用。

lack 缺失

雅克·拉康使用的术语,指一种被感受到的、激发活力的缺失或剥夺。他的用法与哲学家黑格尔相呼应,黑格尔强调"否定的强大力量"。这种力量在欲望中得以体现:一种被感受到的缺失,一种迫切地感觉到没有某物或不是自己真正所是的那种人的感觉,对人类施加了一种无法逃避且常常是专制的力量。这种缺失是所有追求的基础。欲望意味着不满足的存在,反过来,满足则意味着欲望的实现。但是,欲望能被满足吗?它能被完全填满,以至于永远不会再有缺失感吗？欲望的完全停止只存在于死亡中。相比之下,生命是欲望的不断更新,是不断被感受到的缺失的回归——尽管这些缺失往往以与之前的欲望和满足不同的形式和层次出现。我们感受到的缺失不仅是生理上的,而且本质上是符号性的。我们渴望的食物、饮料、衣服和人,不仅仅是纯粹有机驱力的对象,而且是文化上过度决定的主体性对象。拉康的精神分析理论重点关注这种意义上的缺失,强调其"强大的力量"和不可避免的挫败感。虽然欲望不可避免地驱使着我们,但满足却不断从我们身边溜走。这实际上只是同一件事的两种不同说法。

Langer, Susanne 苏珊娜·朗格(1895—1985)

美国教育家和哲学家,她对美国符号学的贡献包括《新钥匙下的哲学：理性、仪式和艺术中的象征主义研究》(*Philosophy in a New Key: A Study in the Symbolism of Reason, Rite, and Art*, 1942)、《情感与形式》(*Feeling and Form*, 1953)、《心灵：人类情感随笔》(*Mind: An Essay on Human Feeling*, 第一卷,1967;第二卷,1972;第三卷,1982)。她对象征主义的研究核心是明确区分了论述性和表现

性(或非论述性)的象征形式。语言是论述性形式,艺术是非论述性或表现性形式。在回应朗格如何提出和应用这一区分时,人们可能会想起"我们自然而然地使所有区分都过于绝对化"(CP 7.438)。符号学的研究"在学问大发展所遗留下的荒芜领域中兴起。或许它蕴藏着新的知识收获的种子,将在人类理解的下一个季节中被收获"(1942:33)。与之前的查尔斯·桑德斯·皮尔斯和费尔迪南·德·索绪尔一样,朗格设想了一项关于人类符号的全面研究,这项研究有望加深我们的自我理解。

language 语言;语言系统

符号学家和其他人经常使用这个词来泛指任何符号系统。它也被更狭义地用来指称言语符号系统,这里的言语包括口头(或听觉)和书面符号。一些语言学家(如费尔迪南·德·索绪尔和伦纳德·布龙菲德)和其他人则以更狭义的方式使用语言,仅指听觉符号系统。索绪尔曾说:"语言和书写是两种不同的符号系统;第二种存在的唯一目的是表示第一种。"(1916/1966:23)

在古代和中世纪西方思想的主导传统中,语言作为有意义的言语的功能被认为是传达思想、意图、情感等。这暗示了另一个定义：语言是交流的工具或手段。但如果我们从这些词的普通意义上考虑工具或手段，那么这个定义就有误导性。因为我们可以拿起或放下锤子或锯子，但我们无法摆脱我们的语言：它们是我们自身如此深刻的一部分，以至于完全剥夺我们的语言就像完全剥夺我们的身体一样。那会剩下什么呢？我们常常想象自己是无形无体的灵魂，我们的思想是超语言的，甚至是超符号的实体；但不清楚的是，没有某种形式的具体体现，人类或人类思考是否可能。就人而言，那种形式当然是通常所说的身体——由女人和男人生育的血肉之躯；就思想而言，它是某种符号系统。因此，上面提到的最广义的语言既是思想的工具，也是交流的工具。

这项观察引出了一个重要问题：在狭义上（特别是作为言语符号系统，甚至更狭义地作为口头符号系统）的语言之外，是否存在思想？在这个问题上，有极端肯定者和极端否定者。对于查尔斯·皮尔斯来说，所有的思想都在符号中，但不一定在词语中。对于约翰·杜威来说，"如果语言等同于言语，那么无疑有非言语的思想。但如果'语言'被用来表示各种符号和象征，那么可以肯定地说，没有语言就没有思想……"(1931/1960：90)。对于这两位实用主义者[参见"实用主义"(pragmatism)]来说,可以有超语言的但非超符号的思想——即脱离言语符号但离不开某种符号和象征的思想。但两人也都意识到,对于已经学会使用语言或言语符号的动物种类来说,思想涉及语言符号和非语言符号之间复杂且不可避免的相互作用。这些动物如何使用非语言符号受到它们语言(狭义上理解)的影响或制约,即使在那些以非语言符号进行思考的实例中——例如数学家(主要以图解符号思考)、画家(主要以视觉符号思考)或音乐家(以纯粹的声音符号思考)——语言符号也往往起到补充作用。这一立场公正地体现了人类思想的几个同样重要的特征:口头和书面语言的重要性(也许是至高无上的重要性);人类使用的各种不可简化的不同符号系统;这些符号系统在人类思维的实际过程中相互作用的可能性,甚至必然性[参见"思想"(thought)]。

最后,让我们再回顾罗曼·雅各布森的观察成果:"将语言视为统一且单一系统的形象过于简化了。语言是一个系统的系统,一个包含各种子代码的总体代码。"(1985：30)

language vs.(speech or discourse)语言/言语或话语

参见"语言系统/言语行为"(*langue* vs. *parole*)。

language game 语言游戏

由路德维希·维特根斯坦引入哲学的一个表达,旨在服务于多个目的,最重要的是强调人类语言的两个重要特征:(1)我们语言实践的约定性和语境性;(2)语言所赋予的不可还原的任务多样性。维特根斯坦的部分目标是用一个更准确且更细致入微的观点来取代将语言视为命名法(一组名称)的观点。

***langue* vs. *parole* 语言系统/言语行为**

这两个法语术语通常分别译为"语言"和"言语"(或"话语")。

在《普通语言学教程》中,费尔迪南·德·索绪尔将语言系统与言语行为区分开来。索绪尔致力于将语言学(即语言的研究)从历史或历时性研究重新定位为系统或共时性研究。他否定了语言学能够或应该尝试将历时性和共时性调查形式结合起来的可能性。这一重新定位语言学的关键转折点在于将语言与言语或话语区分开来。

这种二元对立深刻地影响了结构主义和符号学。事实上,结构主义在很大程度上是索绪尔语言研究方法的推广:《普通语言学教程》作者提出的研究语言系统的方法可以适用于文化(如克劳德·列维-斯特劳斯的研究)、思维(如让·皮亚杰的研究)或无意识(如雅克·拉康的研究)等领域的研究。

latent vs. manifest content 潜在内容/显现内容

潜在内容指的是信息或其他符号组合(例如,一个梦)的隐藏内容或意义,而显现内容则指的是表面意义。例如,一个人梦见自己被狮子、老虎和熊追赶。这个梦显然或表面上是关于狮子、老虎和熊的:这是它的显现内容。但其潜在内容可能是指公司里最成功的股票经纪人因同事开始接近她的业绩而感到焦虑。如今,"潜台词"(subtext)一词经常被用作与潜在内容至少大致相当的概念。

Lebenswelt 生活世界;日常经验的世界

德语单词,意为"生活世界""日常经验的世界"。生活世界是所有行动和反思产生的基质,也是我们所有活动和理论化最终必须置身的背景。在这个背景下,"生活"不应主要从生物学的角度来理解。生活世界更多地指的是我们人类独特的生活世界,而非生物世界。这个术语由埃德蒙德·胡塞尔在他生前未发表的晚期手稿中使用,随后被莫里斯·梅洛-庞蒂在批判性地吸收胡塞尔现象学的过程中采纳为关键词。

legisign 型符

查尔斯·桑德斯·皮尔斯创造的术语,用于指定一种特定类型的符号或符号功能,具体来说,是指一种以法律、规律或一般原则作为符号载体的符号。一个词就是一个型符的例子。

皮尔斯一生都在努力构建全面而系统的符号分类。在其最成功的分类尝试中,三重考量处于核心地位。这个考量基于皮尔斯对符号本质的定义:任何事物(即本身存在的东西)代表其他事物(称为其对象)并引发解释项的产生。因此,符号可以从其自身、与其对象的关系或与其解释项的关系三个方面来考虑。这三个方面产生了三个三分法:就其本身而言,符号可能是质符(qualisign),即一种品质;可能是单符(sinsign),即一个个体事物或事件;也可能是型符,即一种法律或规律。就其与对象的关系而言,符号可能是象似符、指示符或象征符。就其与解释项的关系而言,符号可能是呈位、述位或议位。参见"类型符/标记"(type vs. token)。

lexical 词汇的,lexicon 词典

相关但有所区别的两个概念。lexical 通常指与词典或词典中的词汇相关的,或者是可以在词典中找到的。lexicon 则直接指词典本身。一个单词的词汇意义(lexical meanings)是指该词在词典中所记录的意义。这些意义是固定的,可以通过查阅词典来获得。

linearity 线性

费尔迪南·德·索绪尔用来描述能指的两个最基本属性或特征之一的术语。这个属性指的是能指作为一个链条或序列的一部分,其中一个能指的出现必然导致之前能指的位移。索绪尔将任意性和线性视为语言符号的"两个原始特征"(67)。

译者注:在索绪尔的语言学理论中,任意性指的是符号与其所指对象之间缺乏自然的、必然的联系,而是由社会习惯或约定俗成所决定的。而线性则指的是在语言表达中,符号按照一定的顺序排列,形成一个线性的

链条。这种线性关系不仅体现在句子中的单词排列上,也体现在音素、音节等语言单位的组合上。

linguistic turn 语言学转向

20世纪英美哲学中最重要的发展之一,其中语言既成为研究的对象,也成为解决哲学争议或至少在某些情况下消解哲学争议的主要手段。美国和英国的专业哲学逐渐摆脱了一些传统关注点,转而将语言作为主要关注点。

G. E. 摩尔、伯特兰·罗素、A. J. 艾耶尔、路德维希·维特根斯坦、J. L. 奥斯丁和约翰·威兹德姆是与哲学重新转向关注语言最为紧密相关的几位重要人物。在这一发展的早期,构建一种理想语言的梦想产生了强大的影响,尤其是在逻辑实证主义者中;最终,对日常语言的深切尊重(往往近乎崇敬)取代了构建理想语言的各种尝试。

lisible 读者导向

法语单词,意为"易读的"或"可读的",但常译为"读者导向的"(readerly)。罗兰·巴特用来指称一种特定类型的文本,即在这种文本中,读者被要求做的仅仅是接受并消费一个预先给定的意义。参见"可写文本或作家式文本"(writable or writerly text)。

literal vs. metaphorical (or figurative) usage 字面意义/隐喻意义(或比喻意义)的使用

字面意义的使用,是指一种遵循单词基本词义的语言使用方式;隐喻意义的使用,则是指单词或表达超出其公认含义范围的使用[参见"隐喻"(metaphor)]。当以字面意义使用时,单词和表达基本上严格遵循其既定含义。例如,"Mary had a little lamb."中的"lamb"一词很可能就是字面意义上用来指代一种特定的动物。当语言以隐喻方式使用时(隐喻意味着转移,即从一个地方带到另一个地方),就会发生术语从其"适当"领域的转移。例如,当会众在祈祷中称基督为"世界的羔羊"时,"羔羊"一词并非指动物,而是指人,即该术语是以隐喻方式使用的。

关于隐喻的文献浩如烟海,且仍在不断增长。一些作家关注这个话题,是挑战他们所认为的占主导地位的传统观点,即隐喻仅仅是一种修饰。他们认为,许多隐喻具有认知意义:它们是我们了解现实某些方面不可或缺的工具。它们不是风格上的润色,而是认知工具——不是装饰品,而是真正的认知工具。另一个关注点是挑战语言的字面用法和隐喻用法之间的区别所隐含的等级制度。传统上,字面意义被定义为语言的正确使用方式,即符合既定用法或含义;相比之下,隐喻意义则与不当或违反规则相联系。隐喻违反了字面意义的既定规则。尽管隐喻是有意为之,而且往往能增强效果甚至加深理解,但隐喻本质上是一种派生的或寄生性的语言使用方式,因为语言的隐喻性使用离不开语言的字面性使用。最近,尤其是在解构主义者中,出现了一种明显的趋势,即质疑任何和所有僵化固定的等级制度,其中一个术语被赋予特权,而另一个则被贬低。字面意义(适当的)与隐喻意义(不适当的)使用之间的等级制度往往被认为是这种固定等级制度的一个例子。

literariness 文学性

指一系列将语言的文学使用与其他用途区分开来的特征、惯例和手法。识别这些特征、惯例和手法是俄罗斯形式主义者的核心关注点[参见"俄罗斯形式主义"(Russian formalism)]。

译者注: 在文学作品中,文学性体现为语言的艺术性、创造性以及对现实世界的独特表达。它可能包括象征、隐喻、意象、节奏、韵律、叙事结构等多种元素,这些元素共同构成了文学作品的独特魅力和深度。俄罗斯形式主义者强调对文学作品内部结构和形式的分析,以揭示其文学性的本质。

Locke, John 约翰·洛克(1632—1704)

现代英国哲学家,其著作《人类理解论》(*Human Understanding*, 1690)为经验主义提供了辩护。经验主义认为所有观念和知识都来源于经验。在《人类理解论》的最后一章("科学的分类"),洛克[显然受到古代斯多葛学派(Stoics)的影响]将人类探究的领域分为三个部分,"所有能够纳入人类理解范畴的内容"都可以归结为三个标题:*phusike*(自然哲学,即"关于事物本身、其构成、属性和运作方式的知识");*praktike*(实践学,即"正确运用我们自己的力量和行动,以获取美好和有用事物的技能");*semeiotike*(符号学或符号学说)。这一学说的"任务"是"研究符号的本质",即符号如何被心灵用于理解事物或向他人传递知识。

locutionary force 言内之力

指陈述的固有力量或意义,这种力量或意

义与它对听者的影响以及它作为行动的地位或功能形成对比。J. L. 奥斯丁将话语的言内之力与其言外之力和言后之力区分开来。如果我说"你可以相信我——我会在那里",这句话的言内之力仅仅是这些词汇的字面意义。在大多数情况下,这样的陈述会构成一个承诺:在说出这些话时,我实际上在做一个动作——即做出承诺。这将是我话语的言外之力。最后,这句话对听者的影响——比如,使听者对我将出现在约定地点产生信任或信心——就是我话语的言后之力。

logic 逻辑

研究推理的类型或形式。对推理形式的系统分析和评估可以追溯到亚里士多德时代。在这段漫长的历史中,有许多内容与符号学直接相关。

当代符号学的共同创始人之一查尔斯·桑德斯·皮尔斯(与费尔迪南·德·索绪尔共同创立)将逻辑视为一种规范科学,分为三个部分:思辨语法、批判和思辨修辞或方法论。今天所称的逻辑对应于皮尔斯所称的批判部分。

作为一门规范科学,逻辑的目标是展示我们作为探究者在任何探究(或寻求真理)情境中应该如何行事。如果我们被寻求真理的愿望驱使（或者换句话说，为了获得某个主题最可靠和全面的解释），某些行为方式将有助于实现或至少接近这一目标，而其他方式则会阻碍探究。逻辑学家的任务是识别那些促进探究的行为方式。在这里，"行为"一词应在广义上理解，它涵盖我们所有的行为方式，意味着我们可以对我们的行为施加一定程度的控制。推理的形式，在这个意义上，是行为的形式，因为从根本上说，它们是我们作为思考者的行为方式（我们进行思考或调查的方式）。

因此，人类行为的规范方法关注于更全面地认识我们已经做过的或正在做的事情，并在此认识的基础上，对我们的成就和事业进行更细致的评价。这种评价进而又旨在获得对我们自己和我们的行为的更全面的控制。简而言之，自我意识是为了自我批评，而自我批评又是为了自我控制。正如数学是从更基本的实践或活动中发展出来的——计数、加法、减法等——逻辑也是从更基本的活动中发展出来的，其中最基本的是"把两个和两个放在一起"（put two and two together），即进行各种形式的推理。正如数学因能够设计出远离其起源活动的符号而取得进步，逻辑也因具备这种能力而取得进步。设计这样的符号需要从任何和所有内容中抽象出来,这种抽象使逻辑学家能够像数学家一样,以纯粹形式的方式考虑程序。但是,这些程序,无论其构思和研究的抽象性和形式性如何,都是人类探究者提出或进行思想活动的程序。因此,它们可以根据探究的规范和理想进行批判。特别是逻辑方面,对这些程序进行形式化的部分动机是感到需要一种批判的标准,即一种能够发现和避免推理或证明失误的手段。

logical positivism 逻辑实证主义

20世纪上半叶极具影响力的哲学运动,起源于20世纪20年代,围绕一群维也纳的哲学家、科学家和知识分子,他们被称为"维也纳学派"(Vienna Circle)。逻辑实证主义(有时也称为逻辑经验主义)的核心原则是可验证性原则:只有那些原则上可以被证实的陈述才是有意义的。基于这一认知意义的标准,大量传统哲学和神学被斥为无稽之谈。根据逻辑实证主义者的观点,他们大多数哲学前辈的观点并不是错误的,而是更根本的失败——这些观点是无意义的。

译者注:逻辑实证主义者认为,有意义的陈述必须能够直接或间接地通过经验观察得到证实。他们反对形而上学和宗教等领域的观点，因为这些观点往往无法被经验所证实。逻辑实证主义强调科学的客观性和可验证性，并试图将哲学限制在可经验证实的范围内。然而，这一立场也受到了广泛的批评和质疑，因为它排除了许多重要的哲学和宗教问题，这些问题虽然难以直接证实，但对于人类的生活和思考却具有重要意义。

logocentrism 逻各斯中心主义；语言中心主义

指重视逻各斯、同一性、自身同一的形式和存在，而非动力（力量或能力）、差异和痕迹的取向。逻各斯中心主义据称是西方思想乃至更广泛的文化中占据主导地位的偏见或固执。它是一种不可避免的驱动力，旨在达到一种超越性的时刻。在这一时刻，所有差异都被消除，所有流动都被规范，所有意义都被固定。将逻各斯（它本身就是和谐与等价的形象）置于中心地位，意味着将冲突和不可通约性视为人类话语中可根除的缺陷。然而，对于像雅克·德里达这样的解构主义者来说，冲突和不可通约性是所有话语中不可消除的特征。参见"解构主义"（deconstructionism）、"超验所指"

(transcendental signified)。

Logos 逻各斯;理性

希腊语单词,具有多种含义,其中最显著的是词、论点、话语、语言和理性。为了理解这个词的重要性,有必要回顾一下《约翰福音》(*The Gospel of John*)的开场白:"太初有道(*Logos*)……道成了肉身。"这一用法清楚地表明,在西方,逻各斯是上帝的名字之一。这个词也被用来指代据说将人类与其他所有动物区分开来的能力。

M m

manifest content 显性内容

指消息或其他符号组合(例如,一个梦)明显或(表面上)直接传达的内容。显性内容通常被解释为肤浅的东西,即浮在表面的东西,而隐性内容则是隐藏或埋藏在表面之下的东西。人们通常认为隐性内容比显性内容更重要或更真实,尽管解构主义者如雅克·德里达等人挑战了这种倾向,即认为隐藏的和深层的东西比可接触的和表面的东西更重要。

margin,margins 边缘;边缘地带

当代著作中常用的一个隐喻,用于主题化那些被过度忽视或贬低的事物。边缘性和外围性的隐喻已成为解构主义和后现代主义著作中的核心比喻。在任何话语中,都不可避免地会有一些主题占据中心地位,而其他主题则似乎无关紧要,甚至毫无关联。但考虑文本或写作传统中被边缘化的是什么,更重要的是,是谁被边缘化了,这是很有启发性的,因为边缘化既反映了也维持了文化或制度内部的权力关系[参见"意识形态"(ideology)]。因此,解构主义者主张"从边缘阅读",关注那些看似无关紧要的联系或偶然的关联,以揭示文本如何作为压制工具发挥作用。

marked signifier 标记性能指

一个术语,表明能指或符号载体在某种方式上被标记、限定或修饰。语言学家和符号学家罗曼·雅各布森发展了标记性理论。例如,单数形式的言语能指"cat"是无标记的,而复数形式(cats)则通过添加"s"来标记。

今天,标记性的使用方式往往涉及人类交流或话语的意识形态维度,即与文化内部或某些更狭窄的语境(例如,教堂或企业)中的权力关系相关的维度。以"女性法官"或"西班牙裔立法者"为例。在这里,能指或符号载体"法官"在一种情况下通过性别指示来修饰,在另一种情况下通过种族指示来修饰。这暗示着,在一个给定的文化中,法官这一称呼在简单或无条件的情况下指的是非女性(男性)和非西班牙裔(白人)。使用无标记的"法官"来指代白人男性,并在其他情况下使用标记性能指,指出了文化内部的权力差异。一般来说,无标记能指掩盖了主导性别和种族群体的性别或种族偏见的可能性,而标记性能指则暗示了偏见(你会期待女性法官在强奸案中做出什么判决?)。权力在不可见时运转最为有效。无标记能指是权力者在不被察觉的情况下行使权力的重要方式之一。标记传统上无标记的能指通常是削弱或挑战那些传统上被边缘化者的权力或权威的有效方式,即维持现状。

meaning 意义;含义

这个词含义多重,难以简单概括。然而在符号学中,人们普遍同意意义不是一个解释性术语,而是一个需要解释的术语。为了理解意义,我们需要转向符号是什么以及它们是如何运作的。

关于意义的一个重要符号学概念是,可译性为解释意义提供了关键[例如,参见克劳德·列维-斯特劳斯的《神话与意义》(*Myth and Meaning*)和罗曼·雅各布森的《语言符号与系统》(*Sign and System of Language*)]:符号的意义在于符号本身所固有的被翻译成其他符号的可能性。关于这个话题的另一个重要的符号学方法,可以在查尔斯·桑德斯·皮尔斯的符号解释项概念中找到:符号的意义在于它产生一系列解释项的能力。由于皮尔斯区分了不同类型的解释项,因此符号的意义是一件复杂的事情。参见"意义"(*Bedeutung*)、"行为主义意义理论"(behaviorist theory of meaning)、"言内之力"(locutionary force)、"唯心主义"(mentalism)、"指称"(reference)、"用法"(usage)。

mediation 中介

源自拉丁语 *mediare*,意为"在中间";*medius*,意为"中间"。将原本不相连的事物联系在一起的过程;这种过程的结果。这个概念在符号学中很重要,因为符号具有中介的功能。

当我戴上眼镜时,它们在我的眼睛和视觉领域之间起到了中介作用。当剧院的幕布落下时,它出现了,并因此从某种意义上在观众和演员之间起到了中介作用,这些演员在幕布落下之前还是可见的。在这两种情况下,都存在一个中介过程,即一个事物位于两个事物之间。但正如这两个例子所示,这种过程的结果可能大不相同。当我戴上眼镜时,它们起到了中介作用,使原本无法看见的东西变得可见;但当幕布落下时,它起到了中介作用,使原本对观众可见的东西变得不可见。在大多数情况下,这种过程的结果是一个开放性问题;它是将中介的事物联系在一起还是将它们分开,只能根据具体情况来确定。

许多试图在最一般意义上定义符号的尝试都侧重一种或另一种功能(例如,一件事物代表除其自身以外的其他东西的功能,或代表一个对象的功能,或产生解释项的功能)。将原本不同或不相连的事物联系在一起的中介功能,已被提出作为我们可以恰当地称为符号的任何事物的定义特征。关于符号学中许多术语的高度普遍性和抽象性,参见"关涉物"(relatum)。

medieval 中世纪的

与中世纪(西方历史上大约为 500—1500 年)有关的。特别是在中世纪盛期(后期),逻辑学受到极大的关注,由此产生的论著与符号学有着直接但至今仍未得到充分重视的相关性。参见"当代"(contemporary)、"现代"(modern)、"经院派的"(scholastic)。

mentalism 唯心主义

源自拉丁语 *mens*,意为"心灵"。这种学说认为意义是心灵专门或至少是主要赋予符号和标志的。大多数情况下,与其他心灵相隔绝的心灵被认为是意义的来源。与唯心主义相对，大多数符号学家认为意义存在于符号和标志之中，并且作为主观现象的心灵本身也是符号过程的结果。参见"反心理主义"（antipsychologism）、"行为主义意义理论"（behaviorist theory of meaning）、"经验"（experience）、"思想"（thought）。

message 信息；信息内容

交流过程中传达或传递的所有内容。信息是沟通的六个维度或组成部分之一。在任何交流行为中，发话者都会向受话者传达信息。为了传达信息，必须同时存在代码和通道（或接触）。所有信息都发生在一定的语境中。当交流直接指向信息本身时，这种交流就具有诗意的或审美的功能。

meta- 超越；之上

前缀，意为"超越"或"之上"。

metalanguage 元语言

用来谈论另一种语言的语言。被谈论的语言是对象语言，而用来描述、解释、评估对象语言等的语言则是元语言。

metalingual 元语言功能，metalinguistic 元语言的

罗曼·雅各布森使用的术语，用来指六种交际功能之一，即交际指向代码或代码集的功能。由于并非所有交际交流都依赖于语言代码，因此将这一功能称为元符号功能可能更为恰当。

metanarrative 元叙事

构建或判断用来阐明甚至解释其他故事的故事或叙事；一个据说提供全面和最终观点的总括性故事或话语。马克思主义有时被描述为一种提供元叙事的理论：根据这一元叙事，传统的宗教故事只有在被置于持续反对人类压迫的斗争中时，才能得到充分的理解。根据马克思主义，阶级斗争的故事是所有故事的故事，所有其他叙事的意义都是根据这个故事向我们揭示的。

让-弗朗索瓦·利奥塔将后现代主义定义为对元叙事的怀疑。此外，他还认为，由于元叙事是声称解释事物整体性的理论，因此它们很容易被极权主义者所利用。历史表明，总体化理论与极权主义实践之间存在着可悲的联系。参见"现代性"（modernity）。

metaphor 隐喻

在某种意义上是一种修辞格,指将一个词或表达式从其惯常领域转移到不寻常的领域;在更一般的意义上,是任何转义(trope)或修辞格的名称。

关于隐喻这一主题,有着大量且仍在不断增长的文献。在这些文献中,人们会遇到对这一修辞格的广泛分歧和激烈争论的描述。虽然所有文献贡献者几乎都承认隐喻对理解语言和可能的其他符号系统的重要性,但很难在许多其他广泛的领域找到共识。请参见"转喻"(metonymy)。

metatheory 元理论

关于构建和论证理论的理论——简而言之,是关于理论的理论。

methodeutic 方法学

查尔斯·桑德斯·皮尔斯使用的术语,用于指定逻辑的第三个也是最终的分支。对于皮尔斯来说,逻辑是一门规范性科学,有三个分支:思辨语法、批判和思辨修辞或方法学。第三个分支提供了不亚于探究理论的内容;皮尔斯将其描述为"探究的探究——对探究成功条件(超出事实和观察的收集)的探究"(CP 5.568n)。

metonymy 转喻

一种修辞格,其中一个事物的名称被用来代替通常与之相关联的另一个事物。例如,当说"白宫今天宣布决定拒绝国会正在准备的预算"时,这里的"白宫"就是转喻用法,用建筑物名称来代表整个政府机构。转喻的一个重要类型是提喻,它包括用部分的名称代替整体,或用整体的名称代替部分。

mirror stage 镜像阶段

人类心理发展的一个早期阶段(由雅克·拉康强调),在这个阶段,幼儿开始在镜子中认识自己。

modern 现代

哲学上通常指中世纪后期到当代之前的时期,大致涵盖1500年至19世纪末或20世纪初。在文学研究中,"现代"指的是20世纪。参见"启蒙运动"(Enlightenment)、"现代性"(modernity)、"经院派的"(scholastic)。

modernity 现代性

指一系列假设、价值观和态度,据此区分现代与之前的时代(如中世纪),如果这样的时代确实已经到来,则也与后现代时期相区别。对公元 1500 年到第一次世界大战爆发或发现特殊相对论(或任何其他被选作现代性结束的标志性事件)这一漫长而复杂的时期进行特征描述,是一项艰巨且充满争议的任务。参见"当代"(contemporary)、"启蒙运动"(Enlightenment)。

morphology 形态学

传统上,这个术语用来表示语言学中专门研究单词形式或结构的分支。然而,在露西·伊利加雷及其所影响的作者著作中,形态学的含义截然不同,它指的是我们身体主观性的形式。这种形式在双重意义上产生:一是存在,二是性别分化(女性或男性)。

Morris, Charles 查尔斯·莫里斯(1901—1979)

美国当代具有重要地位的符号学家。莫里斯认为,"符号学的目标是建立一种关于符号在其所有形式和表现中的一般理论,无论是在动物还是人类中,无论是在正常还是病理状态下,无论是语言的还是非语言的,无论是个人的还是社会的。因此,符号学是一项跨学科的事业"(1938:1;引自 Noth 1990:49)。莫里斯认为这项事业"既是科学之中的一门科学,也是科学的工具"(1938:2;引自 Noth 1990:49)。他将符号科学划分为句法学(研究符号与其他符号之间的关系)、语义学(研究符号与其对象或所指之间的关系)和语用学(研究符号与其使用者——生产者和解释者之间的关系)。

motivation vs. arbitrariness 动机/任意性

"动机"是费尔迪南·德·索绪尔用来指称能指与所指之间的联系在某些方面并非完全任意的术语——也就是将一个特定的能指与一个特定的所指联系起来的"动机"或"理由","任意性"则是指这种联系不存在的术语。对于索绪尔来说,符号是那些能指与所指之间的联系具有动机性或非任意性的记号。以他自己的例子来说,使用天平来象征法庭是有动机的,因为能指(天平)与它所指称的事物(可能是因为在法庭中法官或陪审团会权衡证据)之间存在相似之处,这与单词"court"(法庭)的任意性不同。

myth 神话;神话学

源自希腊语 *mythos*,意为"故事"。这个词有时在非常广泛的意义上使用(实际上,与其在希腊语中的原始意义相符),以指代故事[参见"叙事"(narrative)];但更常见的是,这个词以更狭义的意义使用(例如,一种文化或宗教用以定义自己的故事或故事集)。克劳德·列维-斯特劳斯、罗兰·巴特和保罗·利科以截然不同的方式探讨过神话这一主题。

mythos 神话

希腊语单词,意为"故事",常与 *logos* 相对使用。亚里士多德在《诗学》(*Poetics*)中使用这个词,用以指代至少近似于今天叙事学家所称的情节(plot)。

N n

narrative 叙事

一种特定类型的文本或话语,其中与某种形式的故事相关。

narrativity 叙事性

是叙事区别于其他类型文本或话语的特征或特征集。

narratology 叙事学;叙述学

对叙事的研究,通常从结构主义的角度进行[参见"结构主义"(structuralism)],因此关注发现叙事的语法。参见"话语分析"(discourse analysis)、"格雷马斯"(Greimas)。

neologism 新词

指新创造或新发明的词汇。在探究符号的过程中,当代符号学共同创始人之一查尔斯·桑德斯·皮尔斯发明了众多术语。他的动机与物理学家引入"夸克"一词的动机相同——新发现的现实应拥有其独特的名称。参见"术语伦理学"(ethics of terminology)。

New Criticism 新批评

文学批评中的一场重要运动,20 世纪 30 年代末期至 50 年代在美国盛行,其特点在于坚持文学作品的自主性。新批评派认为,作者的意图和读者对作品的反应与欣赏和理解这些作品无关。他们所倡导的是把作品本身作为形式结构来细读。然而在实践中,"新批评"并没有完全走向彻底的形式主义。它是对当时许多文学分析家过分强调心理和传记因素的健康纠正。

在当代思想中,文学以及更广泛的美学理论和批评中的形式主义倾向一直很强,"新批评"正是这种倾向的一个有影响力的表现。几乎无一例外地,对艺术作品作为自成一体的形式的关注会引发一种反应:系统地忽视背景受到质疑,艺术的人性维度得到重申。

New Historicism 新历史主义

文学理论家等在最近对文本分析和批评中某些最主流方法(尤其是新批评、原型批评和解构主义)所认为的非历史主义倾向的反应。新历史主义者致力于根据文学文本的历史和政治背景来研究它们。

noise 噪音

指干扰或阻止信息接收的声音;更一般地说,是指任何阻碍信息到达目的地的事物。它涉及传播渠道。

nomenclature 命名法;术语

源自拉丁语 *nomen*(名字)和 *nomenclatura*(命名),指名称的列表。命名过程;该过程的结果,即名称集合本身。

早在《普通语言学教程》中,费尔迪南·德·索绪尔就问道:"为什么符号学[即一般符号的研究]还没有像其他所有科学一样,被承认为一门具有自己研究对象的独立科学?"他通过指出以下内容来回答自己的问题:"语言学家们一直在原地打转:语言比其他任何东西都更能为理解符号学问题[即理解'社会中符号的生命'的问题]提供基础;但是,语言必须……被正确地研究;迄今为止,语言几乎总是与其他事物联系在一起被研究……"(16)。例如,根据"公众的肤浅观念",语言被视为"仅仅是一个命名系统",即"命名法"。与这一观念相反,索绪尔坚持认为语言不仅仅是一组名称。这种否定至少意味着两件事。首先,语言不仅仅是"命名法":命名只是语言的一个功能,甚至不一定是最重要的功能。其次,也是更根本的是,任何语言都是一个符号系统,或者更全面地说,是一个由能指和所指之间任意关联构成的自成一体的系统(例如,声音形象和概念内容——"dog"这个音素和与之相关的意义)。这意味着没有独立存在的概念,更不用说独立存在的事物,可以附加名称。相反,概念只能通过语言来获得,"从心理学角度看,我们的思想——除了用语言表达之外——只是一团无形且模糊的东西"(111)。而且,世界本身被不同的语言以不同的方式划分。因此,从这种观点来看,语言并没有给我们提供名称来指称前语言的(prelinguistical)已知事物,它给我们的正是一个世界。因为,除了语言之外,一切(不仅仅是我们的思想)对我们来说——至少——都是无形且模糊的。

nominalism 唯名论

源自拉丁语 *nomen*(名字),是一种关于共相(universals)地位的学说。对于唯名论者来说,只有个体是真实的,而共相仅仅是名称或声音。

共相是指可以述谓［参见"述谓"（predication）］一系列不确定对象的术语。同一个术语可以应用于不同的事物，例如，"人"这个术语可以应用于柏拉图、亚里士多德、皮尔斯、索绪尔等人。像柏拉图和亚里士多德这样的存在者的本体论地位通常被认为是无争议的：他们是个体，因此无疑是真实或实际存在的。［存在者或指称物（designata）的本体论地位，即任何可以指定或识别的东西，指的是它们在现实中的地位。］但是，共相的本体论地位是什么呢？它们在现实中有什么地位？根据"唯名论"，共相术语仅仅是声音或话语，它们的基础仅在于我们如何说话。相比之下，实在论者［参见"实在论"（realism）］坚持认为，至少一些共相在现实中是有基础的。当我们说柏拉图、亚里士多德等是人时，我们这样做的基础不仅仅是一种语言约定，而最终是不同个体所共享的一些客观特征。

在查尔斯·桑德斯·皮尔斯的著作中，"唯名论"具有多种含义，包括实存（existence）或实际性是存在（being）的唯一方式的学说。他拒绝这种以及"唯名论"的大多数其他意义。

nonverbal communication 非言语沟通

指除口头语言或书面语言之外的其他沟通

方式。例如用哑剧和手势进行沟通。

译者注： 非言语沟通可以包括面部表情、肢体语言、声音语调、身体接触以及时间和空间的使用等多种方式，它们在交流中起着重要作用，往往能够传达出言语所无法表达的信息和情绪。

normative science 规范科学

查尔斯·桑德斯·皮尔斯使用的术语，用来指称哲学中的三个学科［逻辑学、伦理学、美学（aesthetics，他经常拼写作 esthetics）］之一，这些学科致力于提供关于审慎行为（即受规范和理想调节的人类行为）的一般理论。在皮尔斯的描述中，他将逻辑学视为自我控制探究的理论，将伦理学视为自我控制行为的一般理论，而美学则是对最高善（人类行为的最终目标）的描述和证明。皮尔斯认为，最高善是具体合理性的不断增长。

由于皮尔斯认为符号学的研究要么属于逻辑学的范畴，要么就是逻辑学的另一个名称，并且他将逻辑学归类为规范科学之一，因此他将自己的符号学研究视为"规范科学"的一部分。

O o

object 对象；客体

指与另一事物相对立、相面对的事物。这一意义可以从英文单词 object（指投射自身以对抗或阻挡的事物）及其德语对应词 *Gegenstand*（指与之对立或相抵触的事物）的词源学中得到启示。参见"他异性"(alterity)、"差异"(difference)、"他者性"(otherness)。

费尔迪南·德·索绪尔提出了符号的二元或双项模型（即符号是能指与所指之间的任意关联），而查尔斯·桑德斯·皮尔斯则提出了三元或三项模型。对皮尔斯而言，任何被恰当地指定为符号的事物都具有一个"对象"；而且，这个"对象"是以能够约束或引导符号过程或符号生成的方式被构想的。换句话说，索绪尔将语言视为一个基于形式差异的自给自足系统的观点，暗示了一种自由漂浮的东西，而皮尔斯的符号过程观念则暗示了某种深深植根于客观世界的东西。在索绪尔的符号学中，语言与现实之间的联系被割裂，或者至多被极大地削弱了；而在皮尔斯的符号学中,符号与"对象"之间的联系则是常识性地被假定的。

object, immediate vs. dynamic 即时对象/动态对象

"即时对象"是指符号所呈现的对象;相比之下,"动态对象"是指对象本身,独立于任何符号的呈现方式。

查尔斯·桑德斯·皮尔斯将这种区分引入符号学。他做出这种区分的动机是为了表达他认为的人类认知的决定性特征——即错误的不可避免性[参见"易谬主义"(fallibilism)]。虽然一个对象或事态可能以某种符号所呈现的方式存在(我可能说今天美国总统向伊拉克宣战了,而事实上他也确实发表了这样的宣言),但它也可能被符号错误地呈现。在真实的陈述中,"即时对象"和"动态对象"是同一事物;在虚假的陈述中,它们则不同。

皮尔斯的动态对象还有一个值得提及的方面:这个对象是调查或解释过程中约束的来源。有某种我们可以诉诸以确定我们解释的准确性或我们判断的可靠性的东西,就像是有某种力量能够反驳我们的说法——比如在我们表示炉子上的燃烧器已经冷却或池塘上的冰很坚固时,它会回应我们说:"不,我不是这样的!"当

然，我们往往不能如此迅速且确定地判断"即时对象"是否与"动态对象"一致。

ostranenie（ostranenye）陌生化

维克托·什克洛夫斯基和其他俄罗斯形式主义者使用的俄语单词，用以识别诗歌以及可能的其他艺术形式的基本功能。该词意为"使之陌生化"，什克洛夫斯基使用它是因为他相信诗歌对语言的使用旨在使我们对自己和世界感到陌生，以便我们能够以全新的视角来看待它们。参见"陌生化"（defamiliarization）。

other 他者，otherness 他者性

指与另一事物不同且通常无法同化的事物（例如，无意识是意识的他者）。参见"他异性"（alterity）、"差异"（difference）、"对象"（object）。

other of the other vs. other of the same 他者中的他者/他者中的相同者

露西·伊利加雷使用的术语，用以区分两个方面：一方面是女性正在成为或可能被女性自身所代表的方式（他者中的他者），另一方面是女性已被并仍被父权制代表系统所代表的方式（他者中的相同者）。

P p

pan- 全部；每一个

源自希腊语的前缀，意为"全部"或"每一个"。例如，panacea 指的是一种万能药，即能治愈所有疾病的药；panoramic view 则指的是全景视图，即可以看到所有方向的景象。参见"泛符号性"(pansemiotic)。

panchronic 泛时性

源自希腊语 *pan-*（全部）和 *chronos*（时间）。对于语言来说，泛时性研究方法是一种包括时间所有方面或所有维度的研究方法。它需要在历时性和共时性的参照下被理解。历时性研究方法关注语言随时间而发生的连续变化，而共时性研究方法则将语言视为当前共存的、同时发生的关系系统。因此，历时性关注时间的连续变化，而共时性关注同时发生而非连续发生的事物。语言可以从其过去的角度来考察（例如，根据单词的早期形式来研究其当前形式），也可以从其现在的角度来研究。泛时性研究方法则试图将历时性和共时性研究方法都包含在内。费尔迪南·德·索绪尔反对采用泛时性研究方法,他坚持认为,与言语(*parole*,即具体的言语行为或话语)不同,语言(*langue*,即作为系统的语言)只能进行共时性研究。与新语法学派(Neogrammarians,19世纪有影响力的语言学家学派,他们认为研究语言的唯一方法是历史方法)相反,索绪尔认为语言学的正式研究对象是任何时刻都完全实现和存在的语言系统。换句话说,他主张对语言进行共时性研究,而不是历时性研究——也就是将语言视为当前完整的事物加以研究,而不是不断演变的事物(即现在与过去不同的事物)。

pansemiotic 泛符号性,pansemiotism 泛符号论

这种观点认为,一切事物在某种程度上都是符号。查尔斯·桑德斯·皮尔斯甚至声称:"整个宇宙……都充满了符号,如果它不是完全由符号组成的话。"(CP 5.448)

翁贝托·艾柯警告人们不要陷入符号学帝国主义(semiotic imperialism),即认为符号学为我们提供了关于任何事物和一切事物的最终结论或终极真理的信仰。他强调需要区分两种不同的"假设":一是猜想所有事物都必须从符

号学的角度(大致上是从符号学的视角)进行研究;二是猜想所有事物都可以从这个角度进行研究,尽管成功的程度各不相同(1976:22、27)。

paradigm 范式;规范;聚合

一般指模式、范例或例子(尤其是突出或无疑义的例子);在技术层面,指一种理论、方法或启发式框架。更技术性的含义与更一般性的含义有关,因为这些框架是普遍或至少广泛公认的成就,为研究者群体提供了模型问题和解决方案。

paradigmatic vs. syntagmatic 聚合关系／组合关系

参见"联想关系"(associative)、"轴线"(axis)。

paradigm shift 范式转换

历史学家和科学哲学家托马斯·库恩的《科学革命的结构》(*The Structure of Scientific Revolution*,1962)在思考科学的方式上引发了一场革命。库恩将常规科学时期与概念革命阶段进行了对比。库恩以及无数受他影响的人使用"范式转换"一词来指称从已确立的科学研究范式向新范式的转变。库恩强调了这种转变的非理性性质,这引发了关于"范式转换"的本质和科学本身的理性的持续争议。参见"认识论断裂"(*coupure épistémologique*)。

parapraxis 口误

技术术语,通常指弗洛伊德口误(即口误、笔误或看似意外的伤害)。弗洛伊德认为这些"失误"是有意义的:它们几乎总是泄露了强大但无意识的动机。

***parole* vs. *langue* 言语/语言**

两个法语单词,分别指"言语"(即言语行为、话语)和"语言"(即语言系统本身)。

译者注:在语言学中,这两个概念常被用来区分语言的使用(言语)和语言的结构或系统(语言)。

***parousia* 巴罗西娅**

希腊语中表示"到达"或"在场"。在雅克·德里达的著作中,我们发现了对"在场"哲学(或形而上学)的批判。西方哲学史以各种方式,一直试图用可以完全且最终"在场"的事物来定义存在。柏拉图的哲学是最早也是最具影响力的尝试之一,将存在视为"巴罗西娅(在场)"。基督教神学和哲学则代表了后来的尝试。我们意识到或能够讨论的一切都只是部分且短暂地存在——实际上,它只是永远缺席的事物的痕迹。德里达用"超验所指"(transcendental signified)来标识西方哲学的主要理想之一。德里达对这种形而上学的批判的核心在于他接受了能指的无限游戏和意义的无尽延宕。

patrilocation 父居制

指在一个父权制社会中居住或存在的状态。

Peirce, Charles Sanders 查尔斯·桑德斯·皮尔斯(1839—1914)

美国哲学家,与费尔迪南·德·索绪尔共同创立了当代符号学。"据我所知,我是我所称的符号学工作的开拓者,或更确切地说是'荒野人',这是关于可能符号过程的本质属性和基本种类的学说"(CP 5.488)。

performative utterance 施事话语

指在某些适当情境下,话语本身即构成并

执行了一个社会公认的行为的语句。例如,如果我郑重地说我承诺六点钟见你,那么说出这些话就构成了一个承诺。参见"表述话语"(constative)、"命名法"(nomenclature)。

perlocution 言后行为,perlocutionary force 言后之力

指话语对听众或读者产生的影响。J. L. 奥斯丁区分了言内行为(locution)、言外行为(illocution)和言后行为,或话语的言内之力、言外之力和言后之力。如果有人说出(或发出)"我累了"这句话,那么这句话在上下文中有一个符合既定用法(或可能是对这种用法的隐喻性偏离)的意义。这是它的言内之力。但是,在说这些话时,说话者可能不仅仅是在揭示一种生理或心理状态,而且是在提出回家的请求。这将是它的言外之力。这些话对听众产生的影响可能是激怒。这将是这句话的言后之力。参见"言语行为理论"(speech act theory)。

phallocentric 男根中心的,phallocentrism 男根中心主义

phallocentric 指的是任何以男根(男性生殖器)或该形式的话语(例如,硬的优于软的,

穿透的优于包围的）为特权的一种特点；phallocentrism 则是指赋予男根或该形式的话语、表达等特权的倾向。

phallus 男根（男性生殖器）的象征

男根的象征，或者更一般性地说，是以典型的男性形式构想出来的权力的象征；在雅克·拉康的著作中，男根是一个能指，唤起能够克服人类主体所感受到的缺失的东西。

phaneroscopy 显象学；显现学

查尔斯·桑德斯·皮尔斯使用的术语，用来指一个更常见的被称为现象学的研究分支。皮尔斯从希腊词 *phaneron*（显现）和 *scopy*（观察）中创造了这个词。显象学的主要任务是发现普遍范畴。因此，皮尔斯经常将显象学（或现象学）描述为范畴的学说。

phatic function 交际功能；酬应功能

沟通中的一种功能，它关注的是确定传递信息的通道（或接触）的状态或质量。例如，当有人走到麦克风前说"测试一、二、三，测试一、二、三"时，其目的是确定沟通通道（或接触）的状态或质量。当信息关注于通道或接触时，其功能就被称为"交际功能"。

phenomenon(复数 phenomena) 现象

指事物向我们呈现的方式,与本体(noumena)相对,本体是指事物本身的存在状态,不依赖于它们如何向我们或任何其他认知者呈现。因此,"现象"和"本体"分别是"外观"(appearance)和"现实"(reality)的技术术语。此外,"现象"也用来指一种特定类型的外观:即需要解释的外观[参见"溯因推理"(abduction)]。

德国哲学家伊曼努尔·康德将现象与本体之间的区别视为一种二元论。本体或物自体(things-in-themselves)在原则上是不可知的;因此,我们的知识仅限于外观或现象。查尔斯·桑德斯·皮尔斯驳斥了这种二元论,他认为我们对事物外观的了解为我们提供了或多或少可靠的基础来认识事物本身。

phenomenology 现象学;现象论

查尔斯·桑德斯·皮尔斯用来指称哲学领域的一个学科的术语[参见"显象学"(phaneroscopy)];也用来指代当代哲学中的一场重要运动,这场运动与埃德蒙德·胡塞尔、莫里斯·梅洛-庞蒂和罗曼·英伽登等思想家紧密相关。可以说,这场运动始于胡塞尔反对新康德主义者的建议,即哲学的改革应该通过回到康德来实现。胡塞尔提出,我们应该回到事物本身,或者更确切地说,回到事物向我们意识呈现的样子。换句话说,哲学的改革需要回到现象,而这一回归本身又要求我们摆脱偏见和先入为主的观念。胡塞尔和梅洛-庞蒂本人都对符号进行了深入研究,他们的一般方法和对其他问题的具体探究产生了广泛而深远的影响。

phoneme 音位;音素

声音的单位;给定语言中的最小声音单位。将语言视为音位系统的研究,是通过识别最基本的声音单位(音素)以及支配这些单位组合的各种规则来进行的。这种研究语言系统的方式在 20 世纪对其他符号系统的研究,如人类文化、神话和叙事等,产生了巨大的影响。

"音位"是在给定的听觉符号系统(例如,英语口语)中具有区别功能的声音。例如,"hat"中的/h/与"mat"中的/m/是明显不同的。这种差异对于英语使用者来说是重要的,而你和我发/h/音的方式之间的差异(尽管可能相当明显)则是微不足道的。在语言中,一个声音之所以成为"音位",是因为它是一个能造成差异的差异,即允许我们区分这个和那个(这个词和那个词,这个意思和那个意思)。从结构语言学的角度来看,任何被视为听觉符号系统的语言,都不是由因内在品质而发挥音素作用的声音简单堆砌或随机集合而成;它确实是一个系统,其单位(在这种情况下是"音位")之所以成为单位,是因为它们与系统中其他单位的对立(或差异),而不是因为它们本身是什么。由于这种结构主义方法在语言学(或语言研究)中证明是如此富有成效,因此它也可能在其他问题的研究中证明是富有成效的——例如,全面构想的交际行为。结构主义方法研究交际行为的第一步,将是识别这种行为系统中最基本的单位。派克提议将这种单位称为"行为素"(acteme)[参见"切分"(articulation)]。

phonocentrism 语音中心主义

指偏爱口头语言的倾向;换言之,使这种语言形式成为中心,而其他形式(特别是书面或铭刻的语言)成为边缘或次要[参见"边缘"(margin)](参见 Sarup 1989:37ff)。雅克·德里达将这种倾向与存在的形而上学联系起来,因为口头语言的特权支持了直接性的幻觉(即说话者完全相互在场,也完全在他们所谈论的事物中)。

phytosemiotics 植物符号学

研究植物的符号学。

***plaisir du texte*, *le* 文本之乐**

法国符号学家罗兰·巴特使用的表达,用来指代文本的愉悦感。有时,这种愉悦感似乎是用具有色情甚至自恋情调的术语来解释的。参见"'极乐'文本"(bliss, texts of)。

play 游戏

在雅克·德里达和其他解构主义者的著作中,"游戏"这一主题极为突出。表现为多种形式,其中一种是强调双关语(文字游戏),另一种是坚持符号的游戏性(即坚持文本的意义不是固定甚至稳定的,而是开放给新颖且往往具有讽刺意味的发展)。我们在一定程度上将这些作者的用法与我们对"游戏"的普通理解相联系,即将"游戏"视为一种自发、愉快且内在动机驱动的活动。此外,这里也明显受到了19世纪德国哲学家弗里德里希·尼采的影响,他曾坦言:"除了游戏之外,我不知道还有什么其他方式可以与伟大的任务相联系。"

plot/story 情节/故事

参见"故事/情节"(story/plot)。

plurisignation 多义性

参见"歧义"(ambiguity)。

poetic function of language 语言的诗意功能

参见"语言的审美功能"(aesthetic function of language)。

poiesis 创造

希腊语单词,意为"制作""创造",与 praxis (做,实践)和 theoria(理论)相对使用。

Poinsot, John 约翰·波因索(1589—1644)

非常早期的现代作者,似乎是最早进行系统而全面的符号学研究的人。约翰·迪利对约翰·波因索著作的研究(包括翻译)为我们提供了宝贵的资源,以理解和欣赏这位重要的早期符号学家的贡献。

poly- 许多

前缀,来自希腊语,意为"许多"。

polyfunctional 多功能的

具有许多或至少几个功能。参见"建筑学"(architecture)、"时尚"(fashion)。

polysemy 多义性;多义词;一词多义

具有许多或至少几个意义。

positivism 实证主义

奥古斯特·孔德提出的学说。其核心主张是,正如早先哲学思辨取代宗教(或神学)思想一样,实证的(或科学的)知识注定将取代哲学(或形而上学的)思辨;更普遍来说,这个词被用来指那些主张使用科学方法的人所持的立场或态度。如今,这个词常被贬义使用,因为许多当代作者认为科学方法的应用范围有限。参见"逻辑实证主义"(logical positivism)、"科学性"(scientificity)。

postmodernism 后现代主义

这一术语被广泛用于指代至少自20世纪60年代以来发达资本主义国家所特有的敏感

性。在《后现代状况》(*The Post Modern Condition*)一书中,让-弗朗索瓦·利奥塔写道:"简化到极致,我将后现代定义为对宏大叙事的怀疑。"(1979/1984:xxiv)

poststructuralism 后现代结构主义;后结构主义

一种当代理论运动,保留某些结构主义立场(最显著的是将语言视为差异系统的观点),同时拒绝结构主义的一些核心追求(尤其是将我们对语言、文学、文化等的研究转变为科学的愿望)。

postulate 公设

与公理和假说类似,是一种能够推导出其他真理或作为研究基础的命题。严格意义上的"公设"虽不具备公理的确定性,但它不只是一个暂时的假设或假说。

pragmaticism 实用论

查尔斯·桑德斯·皮尔斯引入的术语,用以区分他自己版本的实用主义与其他版本的实用主义。1905年,皮尔斯观察到"pragmatism""这个词开始在文学期刊中偶尔出现,并被以文学界对待词汇的冷酷无情方式滥用"

(CP 5.414)。看到自己的"孩子'实用主义'"如此受欢迎,他感到是时候与自己的这个"孩子"告别了,并把它交给其更高的命运。为了指明原始定义,他极力请求"宣布'实用论'这个词的诞生,这个词足够丑陋,足以避免被滥用"(CP 5.414)。在创造这个术语时,皮尔斯遵循了他自己在术语伦理学中制定的规则。他建议,"正如化学中所做的那样,为某些前缀和后缀分配固定意义可能是明智的。例如,也许可以同意,前缀 prope- 应该表示其修饰的术语在意义上广泛而相对不确定的延伸;一个学说的名称自然会以 -ism 结尾,而 -icism 则可能表示对该学说更严格定义的接受……"(CP 5.413)。因此,当皮尔斯说"实用论是广义实证主义的一种"(CP 5.423,强调部分)时,他是在声称实用主义在其更严格或更狭义的意义上,是一种广泛且略有不确定性的实证主义形式。

pragmatics 语用学

查尔斯·莫里斯(Charles Morris)使用的术语,用于指代符号学的分支。致力于研究符号与其各种使用者(即生产者和解释者)之间的关系。参见"语义学"(semantics)、"句法学"(syntactics)。

pragmatism 实用主义

查尔斯·桑德斯·皮尔斯、威廉·詹姆斯、约翰·杜威、乔治·赫伯特·米德和C. I. 刘易斯等人阐述和捍卫的哲学学说。最初，皮尔斯将"实用主义"作为一种使我们的思想清晰化的准则[参见"清晰性"（clarity）、"等级"（grades of）]提出。后来，它发展成为一种意义理论，随后是真理理论。作为意义理论，"实用主义"坚持必须从我们的表述对我们行为可能产生的影响来解读这些表述。作为真理理论，它提出我们应该从诸如什么促进我们与经验的交流等概念来构想真理。参见"实用论"（pragmaticism）。

praxis 实践

希腊语单词，意为"实践"，与理论（theoria）和创作（poiesis）相对。参见"论述实践"（discursive practices）。

predicate 谓语, predication 述谓

源自拉丁语 *predicare*，意为"谈及"。述谓是指评论某事物的内容或该过程。在简单陈述"彼得·卡洛很可爱"中，可爱的性质被用来述谓（谈及）一个小孩子。评论某事物或某人所用

的词或表达称为"谓语"(此处"可爱"是谓语),被谈及的对象或存在是主语(即名叫彼得·卡洛的男孩)。

prescissive 分离抽象

查尔斯·桑德斯·皮尔斯使用的术语,指专注于现象的某些方面而忽视其他方面的过程的形式。参见"抽象"(abstraction)、"实体抽象"(hypostatic abstraction)。

presence, metaphysics of 存在的形而上学

雅克·德里达引入的表达,被广泛用于指称西方思想中据称占主导地位的取向,即思想或意识的最终目标或最高实现是自我存在或以其他形式的存在。

primary process 初级过程

精神分析术语,用于识别无意识(在弗洛伊德早期著作中)或本我(在弗洛伊德后期著作中)寻求满足其被压抑的欲望和愿望的多种过程之一。

private language 私人语言

路德维希·维特根斯坦使用的术语,以反

语的方式指称一个孤立的语言使用者能够接触和使用的符号系统。对于维特根斯坦和许多其他符号学的重要贡献者来说,所有语言在原则上都是主体间的;一个完全私人的符号系统不配称为语言。诠释学的代表人物汉斯-格奥尔格·伽达默尔在断言"任何说一种无人理解的语言的人都没有在说话。说话意味着对某人说"(1976:65)时,正是这一观点。只有原则上能够传达给他人的东西,才配得上被称为语言。

privilege 特权,privileged 有特权的

privileging,指给予某事物大量未得到承认且往往是不恰当的偏好的行为;privileged,指获得这种偏好的状态。"特权"及其同源词是解构主义者和后现代主义者词汇中的显著术语。这些思想家的目标通常是质疑某些严格固定等级制度中传统上享有"特权"的术语,例如:理性与情感的对立。

***problématique* 问题域;问题集**

法语单词,用于指称引起问题或产生困难,或者更可能是产生一系列困难的事物;指某一特定研究领域中或多或少相关的一组问题(例如,人类学和精神分析学领域对性别差异的定义)。

proper 恰当的;合适的

一个常常以故意模糊的方式使用的术语［参见"歧义"(ambiguity)］,暗示与父权法(父权制的核心约束和抑制)相一致的事物,带有父亲名字的事物(一个人的专名),以及可以被占有或成为自己的东西(通常理解为变得相同)。

proposition 命题

与断言和表达方式或媒介相对,指在陈述中所表达或传达的内容。

propositional attitude 命题态度

对命题所持有的态度或立场(例如,怀疑或肯定)。

proxemics 空间符号学

符号学分支。最初由爱德华·霍尔在与文化人类学相关联的研究中发展起来。

psychoanalysis 精神分析

一种治疗和理论方法,强调无意识的重要

性并探讨无意识运作的机制或过程。许多极具影响力的当代符号学家(最著名的是雅克·拉康、朱莉娅·克里斯蒂娃和露西·伊利加雷)不仅是受"精神分析"启发的理论家,也是受过训练的精神分析学家。

Q q

qualisign 质符

一种符号或符号功能类型,其中质量作为符号载体。根据查尔斯·桑德斯·皮尔斯的理论,符号可以从三个方面来考虑:(1)就符号自身而言,即它们的符号载体;(2)就它们的对象而言;(3)就它们的解释项而言。通过从符号载体的角度来考虑符号,皮尔斯得出了质符、单符(sinsign)和型符(legisign)的三分法。(通过从符号对象的角度来考虑,他得出了象似符、指示符和象征符的三分法。最后,通过考察符号与解释项的关系,他建立了呈位、述位和议位的分类。)符号载体可能是一种质量,在这种情况下,它是"质符";或者它可能是一个个体对象或事件,在这种情况下,它是单符;或者,最后,它可能是一条法则、规律、习惯或一般原则,在这种情况下,它是型符。

R r

***ratio* 理性**

拉丁语中意为"理性"或"合理性"。正如"理性动物"这一表达所暗示的,人类物种的定义是基于其拥有理性或合理性。此外,ratio还被用作神的一个名字(换言之,用来描述上帝的一个术语)。在西方思想尤其是哲学的主流传统中,"理性"的地位和重要性再怎么强调也不过分。然而,这一地位在历史上一直受到挑战,或许这种挑战从未像当代那样强烈和多样。解构主义和女性主义是两个有影响力的运动,它们对传统的"理性"和理性概念提出了质疑。参见"逻各斯"(*logos*)、"逻各斯中心主义"(logocentricism)。

rationalism 理性主义

广义指对理性的承诺,狭义指理性本身具有认识现实的能力的学说。在广义上,理性主义者是理性的捍卫者或拥护者。"理性主义"更常被狭义地用来指称这样一种立场,即仅凭理性——即脱离经验的理性——就能发现世界的真理。在这个意义上,理性主义与经验主义(即所有关于我们自己和世界的知识都基于经验的学说)相对立。

reader 读者

文本(无论是口头的还是其他形式的)的解码者或解释者。在当代文学批评和文学理论的一些重要流派中,人们的关注点已经从文本和作者转向读者。作为这一转变的一部分,读者作为固定意义的消费者的形象被取代,取而代之的是他们作为开放式文本的生产者的观点。参见"读者反应理论"(reader-response theory)、"阅读"(reading)。

readerly 读者的

这个词通常用于翻译法语的 *lisible*,罗兰·巴特用于识别一种特定类型的文本。参见"可写文本或作家式文本"(writable or writerly text)。

reader-response theory 读者反应理论

当代文学批评和文学理论的一个流派,强调读者对文本的反应,而不是对文学作品所谓客观特征的反应。"读者反应理论"与其说是一种具体的学说,不如说是一种面向文学文本的总体重新定位。它包含一种拒绝和一种邀请:拒绝将文本视为自给自足的实体,并邀请读者关注文本引发反应的方式(换句话说,文本对读者的作用方式,以及读者对文本的回应方式)。文本的意义并不在于文本本身,而是在于在阅读过程中形成的一系列反应中浮现出来的。沃尔夫冈·伊瑟的《阅读活动:一种理论》(*The Act of Reading*, 1978)和斯坦利·费什的《这堂课里有文本吗?》(*Is There a Text in This Class?*, 1980)是"读者反应理论"的两种有影响力的表述方式。有时,"接受理论"(reception theory)被用作"读者反应理论"的同义词,但更常见的是,这一表达在更狭义上用于指汉斯·罗伯特·尧斯提出的接受美学。

reading 阅读

解码口头文本信息的过程;隐喻地说,是解释任何文本(口头的或其他形式的)意义的过程。虽然"阅读"可能指的是理解一个简单、直接的信息的过程,但在符号学著作中,这个词通常指的是解读复杂、曲折的文本的活动。

real, the 实在界

法国哲学家雅克·拉康使用的术语，指人类运作的三个领域或层次之一。与想象界（imaginary）和象征界（symbolic）相对，实在界是绝对抵抗符号化的东西。在这方面，它与伊曼努尔·康德的本体（noumena）或物自体概念相似。

realism 现实主义；实在论

在文学和艺术批评中，"现实主义"是一种表现方式，它传达出忠实描绘其主题的印象；在哲学中，"现实主义"是一个术语，用来指称几种不同的立场。与唯名论（nominalism）相对，"现实主义"指认为共相（universals）是真实的学说。这一学说有时被称为经院派实在论，因为关于共相地位的争议是中世纪（或经院派）思想家之间的重要问题之一。与理想主义的意义相对，"现实主义"表明知识的对象具有独立于我们的意识或对其认知之外的立场或现实性。最后，与反现实主义相对，它指的是这样一种立场，即询问我们对事物的表征是否准确地代表了事物本身是有意义的。对于反现实主义者来说，询问这一点是毫无意义的，甚至更糟。

reality 现实

通常指与幻觉或虚构物相对的存在方式。查尔斯·桑德斯·皮尔斯从探究的角度定义"现实":"现实"是探究者社群在无限定的时间内最终会发现的东西(例如,参见 CP 5.311)。

reason 理性

是一种能力或一系列能力的名称,传统上认为这些能力使智人(*homo sapiens*)与其他所有动物物种相区别。理性已被根据各种能力进行了定义,其中最显著的是形成普遍或一般概念的能力、表现现实的能力、进行推理(特别是以自我批判和自我控制的方式进行)的能力,以及保持客观或无私的能力。参见"逻各斯"(*logos*)、"逻各斯中心主义"(logocentrism)、"理性"(*ratio*)。

reception theory 接受理论

广义上被用作"读者反应理论"(reader-response theory)的同义词,狭义上指文学史学家汉斯·罗伯特·尧斯概述的方法。尧斯的方法与其他读者反应理论的区别在于,它更强调审美接受的历史性和公共性(或社群性)特征。

recit 叙述文本

法语单词,在叙事学中用于指称叙事文本本身,与故事(story)和叙述(narration,即讲故事的过程)相区分。

reductionism 还原论

指将复杂现象解释为不过是简单现象的伪装实例的倾向;也指将高级事物简化为低级事物的倾向。一些人认为,将追求真理解释为仅仅是追求权力的尝试是还原论的一个例子。参见"不可还原性"(irreducibility)。

reference 指称

指符号所指代或指向的对象范围,与符号的意义或所表示的内容相对。"符号学家"这一指称包括查尔斯·桑德斯·皮尔斯、费尔迪南·德·索绪尔、查尔斯·莫里斯、罗兰·巴特等,这些是此符号所指代的一些人。相比之下,"符号学家"的意义是指任何以自觉的方式研究符号的性质和属性的人。一个符号可能具有意义但没有指称:例如,"法国现任国王"这一表达即使没有指向具体的人,也仍然有意义。参见"指称"(*Bedeutung*)、"对象"(object)。

reference, inscrutability of 指称的不可知性

指无法确定某个陈述或其他符号的指称对象。

referent 指称物

符号(例如,陈述)所指代的对象;符号所适用的对象或对象范围。参见"指称"(*Bedeutung*, reference)。

relatum(复数 relata) 关涉物

拉丁语单词,指就其与另一事物的关系而言的任何事物;关系中的项或元素。对于费尔迪南·德·索绪尔来说,符号本质上是能指与所指之间的关系;因此,能指与所指是符号关系中的"关涉物"。

由于符号学努力成为一种包含所有符号的理论,它不得不达到更高层次的抽象和普遍性。例如,为了得出一般符号的概念,它需要从口头和书面语言的差异中抽象出来,进而从言语符号和非言语符号的差异中抽象出来。为了构建这些抽象概念,符号学不得不使用极其一般的术语,如"关涉物"和"中介"(mediation)。它需要能够有意义地跨越各种不同现象范围的词汇。构建高度抽象的符号关系或功能模型的驱动力与发展精细细微的符号类型学(或分类)的驱动力相互平衡。虽然模型旨在展示各种符号之间的统一性,但类型学旨在阐明符号学领域中的多样性。

replica 复制品;复本

符号的拷贝或再现;与"标记"(token)同义。如果标记、声音或其他可感知的形式(例如,盲文中的字母)不可复制或不可再现,那么它们就无法作为符号发挥作用。参见"可迭代性"(iterability)、"型符"(legisign)、"类型符/标记"(type vs. token)。

representamen 代表物

查尔斯·桑德斯·皮尔斯提出的术语,用于在最广泛的意义上指代符号(例如,参见 CP 2.274)。他提出这个术语,是因为他认为英语中的"sign"一词以及英语和其他语言中该词的大多数(如果不是全部)同义词都与对符号的心智主义理解过于紧密相关。根据这种理解,符号的解释项是某种心智的东西(例如,一个概念)。与此相反,皮尔斯认为,某些符号的解释项不是心智的(例如,植物朝向太阳生长)。参见"唯心主义"(mentalism)。

representation 表征

指一个事物代表或呈现、描绘另一个事物的过程[参见"代表;代替"(*stare pro*)、"符号指代关系;一物代表一物"(*aliquid stat pro aliquo*)]或这种过程的结果。虽然表征被认为是符号的基本功能,但这一观点受到一些极具影响力的当代作者(如米歇尔·福柯和雅克·德里达)的挑战。

representation, system of 表征系统

一般指使得事件、对象和人物的表征成为可能的一种符号系统。任何自然语言(例如,英语或法语)都是这种系统的一个例子。在当代符号学中,"表征系统"所固有的偏见已成为关注的焦点。露西·伊利加雷等女性主义者的作品就说明了这一点。

retroduction 回溯推理

查尔斯·桑德斯·皮尔斯使用的术语,用于指代产生假设的推理过程。参见"溯因推理"(abduction)。

Rezeptionsästhetik 接受美学

德语单词,意为"接受美学"。参见"接受理论"(reception theory)。

rhematic sign 修辞符号,rheme 呈位

查尔斯·桑德斯·皮尔斯引入的术语,用于指代一种特定类型的符号,即其解释项具有定性可能性的符号(例如,参见 CP 2.250)。皮尔斯通过考虑符号与其解释项的性质之间的关系,得出了呈位、述位(dicent)和议位(argument)的三分法。这种三分法至少大致对应于更传统的概念、陈述和论证的三分法。

rhetoric 修辞;修辞学

在古代,用于指代说服的文学艺术;在当代符号学中,指通过任何和所有符号手段进行的说服。古典修辞学的主要关注点之一是识别和分析各种修辞格(或修辞手法)。

rhetorical figure 修辞格;修辞手法

Russian formalism 俄罗斯形式主义

文学理论和分析领域的一个当代流派,强调艺术作品和文学文本的自主性。它起源于1915

年前后的俄罗斯,但在斯大林时期被斥为无法容忍的资产阶级颓废形式。维克托·什克洛夫斯基、鲍里斯·艾亨鲍姆和罗曼·雅各布森是该流派最杰出的代表人物。俄罗斯形式主义者的一个主要关注点是定义文学性,即区分语言在文学用途与其他用途(尤其是日常用途)的一系列惯例和手法。这些理论家还提出,文学文本的主要功能是陌生化:这些文本的功能是引起一种错位,以便我们能够以新的视角看待我们的生活或世界。最后,他们在叙述的研究中明确区分了情节($sjuket$)和故事($fabula$)。在某种程度上,结构主义是从俄罗斯形式主义中发展出来的。

S s

Sapir-Whorf hypothesis 萨丕尔-沃尔夫假说

爱德华·萨丕尔和本杰明·沃尔夫提出的假说,涉及我们所使用的语言在确定我们所居住的世界的形状和特征方面的作用。大多数人认为世界本身就是如此,与我们使用的语言和其他表现系统无关。萨丕尔和沃尔夫挑战了这一假设,提出我们所居住的世界在很大程度上是由我们所使用的语言所决定的。世界并非仅仅存在,而是始终通过语言所提供的象征手段以及其他可能的文化传承表现系统来被我们所遇见和理解。

Saussure, Ferdinand de 费尔迪南·德·索绪尔 (1857—1913)

现代语言学创始人,与查尔斯·桑德斯·皮尔斯共同创立当代符号学,他将其研究领域称为"符号学"(*sémiologie*)。在《普通语言学教程》中,索绪尔宣布,"一门研究社会中符号生命的科学是可想象的。它将是社会心理学的一部分,因此也是一般心理学的一部分。我将它称为符号学(源自希腊语 *semeion*,意为"符号")。符号学将揭示符号的构成以及支配它们的规律。由于这门科学尚不存在,无人能说出它将是怎样的;但它有存在的权利,有预先划定的位置"(1916/1966:16)。索绪尔对符号研究的影响是巨大的。然而,存在一种独立于索绪尔之外的符号学研究传统,其根源在于皮尔斯毕生致力于制定一个真正普遍的符号理论。索绪尔强调符号的任意性,而皮尔斯则强调符号的三元性。此外,索绪尔对语言和其他符号的研究方法基于一系列二分法(例如能指/所指,语言/言语,共时/历时,组合/聚合),而皮尔斯的方法则涉及众多三分法(符号-对象-解释项,象似符-指示符-象征符)。这种形式上的差异深刻且重要。

scholastic 经院派(的)

与中世纪(西方历史上约为 500—1500 年)最重要的思想家有关,他们几乎总是与大学联系在一起。因此,他们常被称为经院学者,他们的思想被称为经院哲学。在他们的著作中,特别是在逻辑方面的著作中,可以找到与符号学直接相关的讨论。

science, method of 科学的方法

查尔斯·桑德斯·皮尔斯使用的术语,指一种特定的探究方法(或固定信念的方式)。与固执、权威和先验性的方法相比,"科学的方法"假设存在真实的事件和对象,我们的表象可能与这些真实事件和对象一致,也可能不一致。因此,对于皮尔斯来说,存在某种真实事物的假设区分了科学与其他固定信念的方式。对他来说,现实可能是你我或其他任何探究者碰巧认为的那样,但也是在无限长的时间里由探究者群体所发现的那样。如此定义,现实可能不同于我们所认为的那样,但最终是可以被我们所理解的。假设存在这样的现实,就有可能进行一种开放于修正和自我纠正的探究形式。参见"合理性方法"(agreeableness to reason, method of)、"权威的方法"(authority, method of)、"信念"(belief)、"探究"(inquiry)。

scientia **科学;知识**

拉丁语单词。在中世纪著作中,指通过事物的原因来论证事物的知识。

scientificity 科学性

科学的品质、形式或地位,其理解不是中世

纪意义上的 *scientia*（知识），而是现代意义上的实验探究。由于科学特别是自然科学的威望，当代哲学、符号学甚至文学批评等领域的学者都试图将这些学科转变为科学。然而，特别是在近几十年来，人们似乎越来越意识到，至少在某些情况下，追求科学性的方向是误入歧途的。在符号学的学者中，对于他们自己学科的地位和特征并没有明确的共识。

scriptible 可书写的

法语单词，通常译为"有文采的"（writerly），但有时也保留原词不译，以承认它源自法国符号学家罗兰·巴特的著作。

Sebeok, Thomas Albert 托马斯·阿尔伯特·塞比奥克（1920—2001）

20世纪最重要的符号学家之一，他的两大主要贡献是：(1) 作为该领域各种出版物的编辑所做的工作；(2) 他的大量著作对拓宽符号学范围以包括生物圈产生累积影响。

secondness 第二性

查尔斯·桑德斯·皮尔斯提出的三个普遍范畴之一。通过"第二性"，皮尔斯关注的是对立或反应,即一件事物与另一件事物相对立的粗暴事实。纯粹"第二性"的最佳例子是两件事物的碰撞——比如意外地被从脑后击中,或者用力推某物时遇到阻力。皮尔斯将"第二性"视为一个普遍范畴,暗示它是无所不在的:无论我们走到哪里,都会遇到阻力或对立,尽管这种阻力或对立往往非常轻微,以至于在大多数情况下完全可以忽略不计。"第二性"与今天常被称为"他者性"(otherness)或"他异性"(alterity)的概念相近。参见"第一性"(firstness)尤其是"第三性"(thirdness)。

semanteme 语义素

"义素"(sememe)的同义词,指意义的单位;是一种语言元素,它本身表达一个概念,并且可以与其他这样的元素组合。

semantic 语义的

与意义或意指过程(signification)相关的;更狭义地说,是关注符号与其对象之间关系的。

semantics 语义学

对意义的研究。查尔斯·莫里斯使用的术语,是符号学的一个分支,专门研究符号与其对象之间的关系,或者更技术地说,是研究符号载体与其指称对象(这些载体所指示的事物)之间的关系。参见"语用学"(pragmatics)、"句法学"(syntactics)。

sematology 符号学总论

对符号进行一般研究的各种名称之一,"符号学"(semiotics)的同义词。

semeiotic 符号学;符号论

查尔斯·桑德斯·皮尔斯常用来指代符号一般理论的单词的拼写方式;因此,它是更为常见的 semiotics 的同义词。今天,semeiotic 有时被用来区分皮尔斯的或皮尔斯式的符号研究方法与其他方法(例如,索绪尔式的取向)。同样,semiology 有时被用来区分费尔迪南·德·索绪尔或索绪尔式的取向与其他取向。

seme, sememe 义素;义位

意义的单位;更狭义地说,是最小的意义单位。在结构语言学中,"义素"是根据与"音素"(phoneme)的类比来解释的。也就是说,它们是根据关系系统,特别是对立关系来定义的单位。这种意义观是整体性的:它首先且最重要的是在作为对立关系系统的语言中定位意义，而不是在单个单位本身中。词汇"bat"（蝙蝠）对语言运作的贡献不在于其内在品质，而在于它与"cat"（猫）、"mat"（垫子）、"hat"（帽子）等的可察觉差异。作为语言的组成部分，一个音素通过与其他音素的差异来获得其身份。类似地，义素也是如此。

semiogenesis 符号起源

指某些动物种类使用符号的起源或演化；更狭义地说，是指人类使用非语言符号的演化。在这个更狭义的意义上，"符号起源"被认为是一个比音位符号系统的起源或演化（glottogenesis，即音素语言的演化）早得多的过程。语言起源据认为大约始于五万年前，而符号起源则可能和人类本身一样古老。

semiology 符号学

符号一般理论的名称；*semiologie*，这个词似乎是费尔迪南·德·索绪尔创造的，用来指代符号科学的一般理论。

***semeion*（复数 *semeia*）符号**

希腊语中的"符号"。从很早开始（公元前

5世纪,始于希波克拉底和巴门尼德),*semeion* 就被用作 *tekmerion*(证据、证明或症状)的同义词。在一些古希腊作者的作品中(例如,亚里士多德在多处文本中),*semeia* 与 *symbola* 有所区别。典型的 *semeion* 是医学症状(例如,斑点),典型的 *symbolum* 是语言表达。一个 *semeion* 与其所表示的事物之间存在着一种内在或自然的联系;相比之下,一个 *symbolum* 与其所象征的事物之间只有一种偶然的或约定俗成的联系。但是,就像在当代英语中一样,在古希腊语中"符号"和"象征"之间的这种区别并不总是清晰或一致的。

semiosis 符号过程

查尔斯·桑德斯·皮尔斯最初使用的术语,指任何符号行为或符号过程;一般来说,是符号的活动。人们通常认为符号是人类和其他动物使用的工具:它们本身被认为是惰性的,因此是无效的。"符号过程"一词经常被用来挑战这一观点,因为它表示一个固有的动态过程,人类符号使用者对其没有或至多是有限的控制。换句话说,符号不仅仅是工具:它们拥有自己的能动性。

对于皮尔斯来说,"符号过程"是一个不可

简化为更少成分的三元过程。在这个过程中,一个对象产生自己的符号,然后这个符号又产生自己的解释项。这个解释项又产生另一个解释项,以此类推,无限循环。因此,"符号过程"是一个可能产生无穷无尽解释项的过程。

the semiotic/the symbolic 符号学的/象征的

"符号学的",朱莉娅·克里斯蒂娃使用的术语,用来指代先于并超越象征秩序的节奏和能量("冲动");"象征的",她用来指代所有人类作为成为说话主体的条件而被引入的社会秩序。象征秩序体现在语言、法律、道德和宗教等习俗制度中。在被引入这一秩序之前,婴儿(词源上指不会说话的人)被卷入力量和驱动的游戏中;即使在他或她受到这一秩序的限制之后,这种游戏也可以被察觉。因此,符号学指向了一种无政府状态能量的来源,而象征则指向了社会秩序的限制。符号学促使人们越轨,而社会则要求人们遵守规范。在任何实际的表述中,符号学驱动的自发提示和象征秩序的内在化约束都会相互交织。

semiotics 符号学;符号语言学

符号的研究或学说,有时被认为是一门符

号的科学；对符号的性质、属性和种类的系统调查，特别是以自觉的方式进行时。

符号学的研究有着悠久而丰富的历史。然而，作为一个自觉且独特的探究分支，它是一项当代事业，源于两个独立的研究传统。一个传统可以追溯到美国哲学家、实用主义的创始人查尔斯·桑德斯·皮尔斯；另一个传统可以追溯到瑞士语言学家费尔迪南·德·索绪尔，他通常被认为是当代语言学的创始人和结构主义的主要灵感来源。

semiotic web 符号网络

托马斯·A. 塞比奥克使用的一个隐喻，用来描述我们的经验。经验是一张由符号编织成的网，用于捕捉我们生存环境（或周围环境）中的各种对象，以帮助我们生存和繁荣。

semeiotikos 释符者

希腊语单词，指解释或卜测符号意义的人。对于古希腊哲学家来说，医生是释符者的一个典范（杰出例子）。来自珀加蒙的盖伦是一位著名的医生，他认为诊断是一个释符过程，即解释符号的过程。参见"符号过程"（semiosis）。

sender 发送者

发送或传达信息的人,"发话者"(addresser)的同义词。通信的六个基本要素之一。

sign 符号

传统上定义为 *aliquid stat pro aliquo*(符号指代关系;一物代表一物)。除了任何具体意义之外,该术语本身通常由符号学家用作一个包罗万象或全包含的术语。象征、图标、神话、文本等都是符号或符号系统。换句话说,"符号"被用作一个总称——一个包含许多子类型的术语。

根据费尔迪南·德·索绪尔的说法,"符号"是能指与所指之间的任意关联(例如,声音形象及其对应的概念)。路易斯·叶尔姆斯列夫提出了这种二元模型的修改版,并被许多当代符号学家所采用,尤其是在欧洲。在其中,"符号"是表达平面和内容平面之间的任意关联。与这些模型相比,查尔斯·桑德斯·皮尔斯提出了一个三元概念:"符号"是代表某物(称为其对象)的任何东西,其方式会产生另一个"符号"(其解释项)。

signal 信号

一种特定类型的符号,通常被描述为需要立即响应。在这个意义上,高速公路出口末端的停车标志被称为停车信号或许更合适(我们实际上称之为交通信号)。它的功能是要求立即响应——此时此刻(即到达的那一刻)。如果不这样做,可能会导致另一种信号——州警的警笛和手势。

***signans*/*signatum* 能指/所指**

signans 是拉丁语术语,通常译为"能指";*signatum* 是拉丁语术语,通常译为"所指"。参见"符号"(*signum*)。

sign function 符号功能体;符号使用体

有时用作"符号"(sign)的粗略等价词(例如,由翁贝托·艾柯使用)。倾向于使用符号功能而不是符号的原因是,"功能"一词暗示了某种动态和(在艾柯看来)灵活性。任何像符号一样行事或被当作符号的东西,都是由于其某种功能(例如,代表除自身以外的其他东西的功能,或在两个原本不同或不相连的事物之间起中介作用的功能)而这样做的。同一事物在不同的语境中,甚至在同一语境中,也可以执行不同的功能。参见"中介"(mediation)、"符号指代关系；一物代表一物"(*aliquid stat pro aliquo*)。

译者注：在数学领域，sign function 指符号函数。

signifiant 能指

法语单词，通常译为"能指"。"能指"是费尔迪南·德·索绪尔用来标识符号（或 *signe*，一个"双面的心理实体"）一侧的单词。

signification 意指过程

符号和因此产生的意义生成或产生的过程。参见"表述行为"(*énonciation*)。

significs 意指

维多利亚·韦尔比夫人用来指代"研究所有形式和关系中的意义本质"的术语（1911：vii），因此是今天更常被称为"符号学"(semiotics)的同义词。她还提出了 sensifics 作为这一研究领域的名称。

signifie 所指

法语单词，通常译为"所指"。

signified 所指物；所指

费尔迪南·德·索绪尔定义的符号的基本关联物之一。他认为符号是能指和所指之间的任意关联。能指引起对其他事物的注意，所指是这种注意的接受者。能指是符号的感知成分（耳朵能感知到的声音差异），而所指是概念成分（通过声音传达的意义）。在英语读者中，D‑O‑G这三个标记已经与某个毛茸茸、四条腿等的事物相关联或联系在一起。这些标记作为能指，而对象或概念则具有所指物的地位。参见"任意性"（arbitrariness）。

signifier 能指

费尔迪南·德·索绪尔定义的符号的基本关联物之一。近年来，能指的地位得到提升，而所指的地位则被降低。语言观念，至少在索绪尔著作中隐含的语言观念作为一个自给自足的整体，使得所指的地位变得成问题。

***signum* 符号**

拉丁语单词，罗曼·雅各布森使用 *signum* 一词作为费尔迪南·德·索绪尔所使用的 *signe* 的同义词。索绪尔用法语将 *signe* 定义为一个与所指相关联的能指；翻译成拉丁语后，我们得到一个由能指与所指相关联而产生的符号。

signum ad placitum 约定俗成的符号

sign vehicle 符号载体

符号中履行符号功能或至少承担这一功能的部分。由于符号通常被认为传递信息,因此最直接负责这种传递的部分被称为载体(这个词毕竟意味着运输或传递的手段)。

由于"符号"一词可能被认为包括其对象作为自身的一部分(例如,在查尔斯·桑德斯·皮尔斯的三元或三项符号定义中,对象就是这样),因此关于符号本身所意指的内容可能会产生混淆,因为我们通常认为符号与其对象是不同的,甚至可能是可分离的。例如,在皮尔斯的定义中,符号是否意指整个符号-对象-解释项的组合,或者只是这个组合中的一个项目? 为了澄清这个问题,有时建议我们使用"符号"来指定整个组合,并使用"符号载体"来确定其中一个关联物。

Sinn 意义

德语单词,通常译为"意义"或"含义",并与指称(*Bedeutung*)相对。为了清晰起见,区分一个单词或表达式的 *Sinn* 和它的 *Bedeutung* 通常是有帮助的。例如,"晨星"和"晚星"这两个表达的意义截然不同(就像白天和黑夜,或者至少像黎明和黄昏一样不同);然而,它们指的是同一颗行星:金星。

sinsign 单符

查尔斯·桑德斯·皮尔斯使用的术语,用来指定一种特定类型的符号,即单个事件或对象作为符号载体的符号。如果敲门声宣布了客人的到来,那么这个敲门声就是一个"单符"。更准确地说,它是一个述位(dicent),指示性的单符:它是一个述位(或表述符号),因为它实际上执行了一个断言命题的功能("客人已经到了")。它是指示性的,因为符号载体与其对象(敲门声和通过敲门宣布到来的客人)之间存在实际的物理联系。最后,它是一个单符,因为此时此地的敲门声——这些独特的声音——充当符号载体。

符号可以就其本身来考虑,即就符号载体本身是什么来考虑,因为不同的事物扮演着符号的角色。当一种性质扮演这种角色时,我们就有(在皮尔斯的用法中)一个质符(qualisign);当某种一般性或规律性的东西执行这种功能时,我们有一个型符(legisign);而当一个个体或实际存在物承担符号的角色时,我们有一个单符。质符、单符和型符的三分法是皮尔斯设计的复杂符号分类的一部分,因为他还考虑了符号与其对象的关系以及与其解释项的关系。这些考虑中的每一个都产生了三分法。就其动态对象而言,符号可能是象似符、指示符或象征符。就其解释项而言,它可能是呈位、述位或议位。皮尔斯并没有止步于此:他继续探索在这些三分法中确定的特定符号类型或(也许更好地说)符号功能的组合可能性。

sjuzet(*suzet*,*syuzhet*)情节

俄语单词,俄国形式主义者使用,用以指代叙事作品的"情节",与构成故事的"事件"(fabula)相对。

译者注:"情节"是作者对故事事件的重新组织和安排,以形成特定的叙述结构和节奏。

skeptic 怀疑论者,skepticism 怀疑论

从词源上讲,"怀疑论者"指的是询问者或质疑者——倾向于提问或产生怀疑的人。然而,哲学家们常常以不同且更强烈的含义来使用这个词。它可能指一个否认能够知道任何事

情可能性的人。因此,"怀疑论"就是表达这种否认的学说:知识是不可及的。这个术语不应与"易谬论"(fallibilism)相混淆。说我们可能在任何时候都会犯错误是一回事,而说我们在任何情况下都不能知道任何事情则是另一回事。怀疑论的问题——即如何以强烈的怀疑态度回应怀疑论者——一直是现代西方哲学的核心关注点,并且在当代哲学家之间仍然是一个有争议的问题。一些符号学家认为,用明确的符号学术语来解释知识,将为我们提供一种绕过怀疑论的西拉岩礁(Scylla)和教条主义的卡律布狄斯漩涡(Charybdis)的方法。

speculative grammar 思辨语法

查尔斯·桑德斯·皮尔斯构想的逻辑学的一个分支。通常,逻辑被定义为对论证或推理的研究。但皮尔斯认为这只是逻辑的一部分,他称之为"批判"(critic)。除了批判之外,逻辑学家的任务还包括研究意义的过程和形式,以及探究方法。"思辨语法"就是研究意义过程和形式的探究,即研究符号行为[参见"符号过程"(semiosis)]和符号功能;而思辨修辞或方法学(methodeutic)则是关于探究的理论。

speculative rhetoric 思辨修辞

查尔斯·桑德斯·皮尔斯使用的术语,用来指定逻辑的第三个也是最高潮的部分。他也称这个逻辑分支为"方法学"。参见"思辨语法"(speculative grammar)。

speech 言语

与语言(*langue*)相对,最常用来翻译 *parole* 的术语。语言是使交流成为可能的系统,而言语(或话语)则是这一系统在某些具体情境中的实际使用。

speech act theory 言语行为理论

受 J. L. 奥斯丁的《如何以言行事》启发,并由约翰·塞尔在《言语行为》(*Speech Acts*, 1969)中进一步发展的当代语言哲学方法。奥斯丁挑战了根深蒂固的观念,即语言的唯一或主要功能是发表旨在描述世界的陈述。任何对人类语言的充分解释都必须认识到,除了表述性话语(关于其真假有意义的陈述)之外,还存在施为性话语(例如,发誓、做出承诺或发出威胁)。奥斯丁还发现,同一个话语可能具有言内之力(locutionary force)、言外之力(illocutionary force)和言后之力(perlocutionary force)。

***stare pro* 代表;代替**

拉丁语表达式。从古至今,一件事物代表另一件事物的功能一直被用来定义符号是什么[参见"符号指代关系;一物代表一物"(*aliquid stat pro aliquo*)]。

在符号学历史上最著名的文本之一中,亚里士多德的观点可以被解读为声称口头符号代表心理符号,而书面符号则代表口头符号。我们的印象和观念本身就是符号:它们代表灵魂之外的事物(或者用更现代的说法,代表独立于心灵的事物)。亚里士多德认为,尽管我们可能用不同的语言说话和书写,但我们仍然形成相同的观念,并(通过这些观念)认识同一个世界。尤其是近年来,这一假设受到了强烈的质疑。参见"萨丕尔-沃尔夫假说"(Sapir-Whorf hypothesis)。

Stoic theory of signs 斯多葛符号理论

符号学探究或反思早期阶段的一个重要学说。这一学说的一个关键部分是主张符号将三个要素联系在一起:(1)物质且因此可感知的符号载体(例如,声音或铭文);(2)意义或 lekton(即所指或所说);(3)外部对象。在这里,我们清楚地看到了一个符号的三元模型。

斯多葛符号理论是斯多葛逻辑的基本部分，这是一个高度发达的学说，仍然值得仔细研究。与将非物质实体（lekton）作为符号的一部分相反，伊壁鸠鲁哲学家提出了一个符号的二元模型，其中只有感官印象和物质对象被赋予地位。

story/plot 故事/情节

通常 story 用来翻译俄语的 *fabula*，plot 则用来翻译 *sjuzet*。俄罗斯形式主义者在"故事"和"情节"之间做出了重要区分。"故事"指的是文学创作之前的一系列事件，为作家提供原始素材；而"情节"则是对这些事件的文学性重新排序。根据俄罗斯形式主义者的观点，"情节"的功能是使事件序列变得陌生化［参见"陌生化"（defamiliarization）］。

"strange, making" 陌生化

俄语 *ostranenie* 的翻译，意为"使陌生化"。参见"陌生化"（defamiliarization）。

structural linguistics 结构语言学

基于结构主义原则的语言研究。

structuralism 结构主义，structuralist 结构主义者

一种关于理论构建的元理论。结构主义作为一种关于思想、语言、文化和文学的理论，在20世纪已经出现。除了这些具体的结构主义理论之外，至少还有一种隐含的理论，即所有理论应该如何构建或实施。正如元语言是用来谈论语言的语言之名一样，元理论是理论的理论之名。作为一种元理论，结构主义坚持认为必须将任何研究对象视为一种结构。根据让·皮亚杰的说法，"结构的概念包括三个关键思想：整体性的思想、转化的思想和自我调节的思想"（1968/1970：5）。整体不仅仅是一个集合体：集合体是项目的一个随机或未整合的集合，而系统是一个表现出高度规律性（随机性的对立面）和整合性的结构。一堆树叶是一个集合体，而藏在树叶堆下的孩子则是一个系统。经济体系包含各种形式的转化——例如，如何将劳动转化为资本，或将资本转化为更多的资本；语言系统也包含各种形式的转化可能性——如何将单词转化为句子，将句子转化为另一个句子等。最后，系统的功能不是主要用外部因素（即系统外部的因素）来解释的。系统是表现出内在动态的结构；它们是自驱动和自调节的结构。

(想想一个生物体。)

索绪尔将语言(*langue*)视为一个需要共时性研究的系统,这一观念对于结构主义的发展至少可以说是至关重要的。但是,随着结构主义许多最基本的假设开始受到挑战(例如,将历时性考虑与共时性考虑分开的可能性,更不用说其可取性;系统相对于外部因素的自主性),一种新的元理论出现了——后结构主义。但是,由于这种新的方向对结构主义所珍视的东西(科学性,以及更一般地说,编织足够大且足够紧密的理论网以捕捉语言或文化的本质的可能性)深表怀疑,因此最好不要将后结构主义称为元理论。任何对理论,尤其是宏大理论如此怀疑,有时甚至敌对的学说,都被元理论这一称谓所误导;也许在这里,用"敏感性"这个词更好。参见"怀疑的阐释学"(hermeneutics of suspicion)、"共时"(synchronic)。

subject 主体,subjectivity 主体性;主观性

理解这个术语含义的一个好方法是将其视为勒内·笛卡儿的"我思"的镜像。当笛卡儿在他的《第一哲学沉思》(*Meditations on First Philosophy*)中得意扬扬地表态反对怀疑论者,宣称"我思故我在"(*cogito ergo sum*)时,做出这一宣告的"我"已经对自己的身体和周围的世界产生了怀疑。他还忽视了语言作为思维工具（而不仅仅是交流工具）的重要性[参见"对话主义"（dialogism）和"思维"（thought）]。最后，他将这个"我"视为一个思考的主体，而这个思考的存在则是一种完全或大部分对自己透明的意识。在今天通常的用法中，主体性是指当"我"被视为一个具体而处于特定情境中的自我时所用的名称，其思考能力依赖于语言，而自我意识则是扭曲的，也是部分的。

主体通常被用来唤起对"我"的其他特征的注意，这些特征是为了挑战更传统的人类形象而突出的。最重要的是，嵌入的主体（"我"实际上嵌入在历史和文化系统中）只是一个有问题的自主的自我：人类行为的文化超决定论被强调到了质疑人类自由（或自主性）的程度。与此相关的是，主体被用来强调我们作为受历史和文化力量和结构支配的生物的命运。最后，与传统观点一样，主体的反思性被认为是至关重要的。然而，也存在差异：在当代符号学和后结构主义关于主体性的著作中，有一个深刻的敏感性，即我们如何指称和表现自己与他人如何指称和表现我们是错综复杂地（尽管不是显而易见地）联系在一起的。

在弗洛伊德之后,很难不意识到无意识。然而,笛卡儿并没有从弗洛伊德理论中受益,因为他出生在几个世纪之前。笛卡儿的"我思"(他所构想的"我")的统一性和透明性被一个内在分裂(意识/无意识)并在很大程度上对自己不透明的主体所取代。参见"主体的去中心化"(decentering of the subject)。

subjectivity, primacy of 主观性的首要性;主体性的首要性

这一观念或立场认为,我们是从自己的意识或主观性内部出发来理解世界的。例如,词语的意义首先和最主要的是指当一个人听到这些词时,浮现在其意识中的图像和想法。这一假设是站不住脚的,因为它实际上否认了沟通的可能性。如果你所说的意义只是你脑海中浮现的东西,而你的思想对我和其他所有人来说都是一个黑箱(一个只有你能进入的领域),那么你所说的意义在原则上对我和其他所有人来说都是无法理解的。坚持主观性的首要性,无异于认同我们的心灵是密封的领地这一形象。否认人类经验和意识的私人或内在维度并不会带来任何好处——事实上,我们会失去很多。但是,"意识"(consciousness)这个词的前缀

con-本身就表明我们并非一开始就把自己关在壁橱里：我们是与他人一同开始的。为了发现我们所说的话的真正意义，甚至是为了理解我们自己的感受，他人的存在和参与是必不可少的。参见"主体间性"(intersubjectivity)、"对话主义"(dialogism)、"私人语言"(private language)、"用法"(usage)。

sujet en proces 处理中的主体

一个法语表达，由朱莉娅·克里斯蒂娃等人使用，用于指定正在处理中/正在被审视中的主体。

suture 缝合

一般指将两个边缘或表面连接在一起的过程。在电影符号学中，指将不同的镜头连接在一起以构建叙事的基本电影技术。有时，这个词的使用范围会更窄，专门指一种特定的电影技术(例如，正反打镜头)。有关缝合的详尽论述，参见卡佳·西尔弗曼的《符号学主体》(*The Subject of Semiotics*, 1983)。

symbol 象征；标志；符号

常用来指称一种约定俗成的标志(例如，基

于约定或既定用法的标志),但也指称其他各种类型的标志。费尔迪南·德·索绪尔认为,象征是一种标志,其中能指与所指之间的关系在某种程度上是有动机的(即非任意的)。在查尔斯·皮尔斯对标志的详细分类中,象征几乎与此相反。皮尔斯将象征定义为三分法的一部分。这个三分法是基于象征载体与其对象之间的关系。如果象征载体与其对象之间的关系是基于与该对象的相似性(例如,地图与其所代表的领土),那么它就是象似符(icon)。如果它与其对象之间的关系是基于实际或物理联系(例如,风向标指示风向),那么它就是指示符(index)。如果它与其对象之间的关系是基于习惯或约定(例如,一朵红玫瑰作为爱情的象征——或更多),那么它就是象征。

象征的另一个重要含义是,它是一种参与它所象征的事物或人的标志。另一个含义是,它是一个需要开放式解释的标志——一个意义无穷的标志。

symbolic order or register 象征秩序或象征领域

雅克·拉康、朱莉娅·克里斯蒂娃以及众多符号学贡献者使用的表达,用于将社会秩序指定为一个象征的领域,人类在其中被启蒙并注定要在其中行动。由于这种启蒙和参与，象征性变得内在化。因此，它不仅是主体所处的领域，也是他们主观性的一个维度。构成这一秩序的最重要机构是语言、道德、法律和宗教。只有通过接受象征秩序的约束和抑制，人类的主观性才会产生。对于像拉康和克里斯蒂娃这样以精神分析为导向的符号学家来说，进入象征秩序与俄狄浦斯冲突紧密相连。参见"想象界"（imaginary）、"实在界"（real）、"主体性/主观性的生成/性别化"（engendering of subjectivity）。

synchronic vs. diachronic 共时/历时

"共时"指共存的、同时的，或认为时间流逝不重要的；"历时"则指随时间发生变化的。设想此刻美国国会正在开会。我们可以根据导致这一刻的历史来研究这一事实；或者我们可以从这段历史中抽象出来，只考虑国会当前的活动["抽象"（abstraction）一词源于两个希腊词，意为"抽离"]。历时性研究是根据研究对象的历史来考察它，视其为跨越或随时间变化的事物。相比之下，共时性研究则将研究对象视为在当前运作或起作用的系统。历时性研究将我们引向历史，引向差异连续展开的过程；而共时性研究则将我们带离历史,引向某些差异同时起作用的系统。回到我们的例子:想想导致我们今天国会成立的不同政府形式;然后想想在当前国会期间,同时争夺席位的不同力量。前者是历时性的,后者是共时性的。参见"历时"(diachronic)。

synecdoche 提喻

一种修辞手法或比喻,其中某物的一部分被用来指代或象征整体[例如,当篮球运动员说他们要去打篮球时,"篮圈"(hoops)一词就指代了整个篮球运动],或者相反,整体被用来指代部分。

译者注:提喻通过部分与整体之间的关联,创造出一种富有表现力的语言效果。

synechism 连续性原则

查尔斯·桑德斯·皮尔斯创造的术语,用来指代连续性(continuity)学说。

译者注:在皮尔斯的符号学理论中,连续性原则是一个重要的概念,它强调符号、思想和现实之间的连续性和相互关联性。皮尔斯认为,符号、思想和现实不是孤立存在的,而是相互交织、相互影响的连续体。这一原则对于理解符号的生成、解释和传递具有重要意义。

syntactics 句法学;符号关系学

查尔斯·莫里斯使用的术语,指符号学中研究符号载体与其他符号载体之间关系的分支。

syntagm 组合关系

指任何有意义的单位组合(例如,词汇),句子是组合关系的一个例子。

syntagmatic vs. paradigmatic 组合关系/聚合关系

参见"联想关系"(associative)、"轴线"(axis)。

system 系统;体系

指具有高度规律性和整体性的任何结构。从这个意义上说,生物体是一个生物系统。参见"结构主义"(structuralism)。

T t

taxonomy 分类法;分类学

查尔斯·桑德斯·皮尔斯对这两个意义上的分类法都感兴趣。此外,他和费尔迪南·德·索绪尔(当代符号学的共同创始人)都致力于科学分类的研究。对于皮尔斯来说,符号学是哲学中的三大规范科学之一(其他两个是伦理学和美学)。对于索绪尔来说,当符号学(他用来指代一般符号理论的名称)出现时,将是社会心理学的一个分支。皮尔斯和索绪尔对符号理论与其他研究领域之间关系的不同理解,只是他们在该理论方法上众多重要差异之一。参见"类型学"(typology)。

text 文本;语篇;篇章

今日该词被广泛使用,不仅涵盖口头交流,也包括其他形式的交流。有人可能会声称,一张脸或一座城市都是文本。这种新兴文本用法的一个显著特征是,它源自拉丁语的 *texere*("编织")和 *textum*("网;纹理"),这似乎透露了它的用途。文本就像是被编织的东西,但现在读者与作者或写作者一同成为文本的编织者。也就是说,重点在于文本作为一个开放甚至可能未完成的过程。对于解构主义者来说,文学批评中认为文本应被视为一个连贯整体的传统假设被拒绝了。文本解构自己:它们解开。一个好的读者能够发现文本分裂的点。但是,为了发现这一点,读者必须"从边缘"阅读——也就是说,要注意文本中看似边缘或外围的问题。重要的是要强调,解构——文本解开的过程——并不是由于外部压力或力量的作用,而是由于文本本身的固有特征。"解构运动,"德里达声称,"并不是从外部摧毁结构[例如,文本]。它们不可能且无效,也无法准确瞄准,除非它们占据那些结构[或文本]"(24)。解构批评是一种内在的批评。这意味着解构主义的读者或批评者总是同谋。没有人是无辜的:我们都是我们所反对的事物的拥护者——即使我们对我们自己的敌人的拥护或支持,我们自己都没有意识到。解构的一部分挑战是培养一种对我们与我们所反对的事物之间深刻交织的认识。没有中立地带,没有无辜的一方。即使是最坚定的父权制批评者(即男性统治或主导的制度),在某种程度上也总是不自觉地成为父权制的拥护者。承认这一点有助于对父权制的批评。解构主义的一个核心关注点,部分的是强调需要承认自己在这一领域和其他领域与对手的共谋。

thematize 主题化
使明确和集中。

thirdness 第三性
查尔斯·桑德斯·皮尔斯提出的三个普遍范畴之一。从形式和抽象的角度定义,它是中介性或居间性(CP 5.104)。每件事物本身都是某种东西,皮尔斯称之为第一性,我们可以称之为自身性。每件事物要么实际上要么潜在地对其他事物产生反应或反对,皮尔斯称之为第二性(对立性)。每件事物都在某种程度上是可理解的,仅仅因为它可以通过我与其他事物相联系。例如,我意外地收到了一些花。我的第一反应是说"这是什么?"某物就像是被扔到我的路上或强加于我:那束花作为一个对象(*ob-*,反对;*jacere*,扔)出现在我面前,它吸引了我的注意力;然后,我把这些花理解为有人在想我,这些花将我的思想投射到它们自身之外的其他事物上,我把它们看作是我自己和某个人之间的纽带;最后,我被这些花的美丽和色彩所吸引,我全神贯注于花本身,以及它们自身的存在——这种全神贯注如此彻底,就像是一场梦(一种意识状态,在这种状态下,我和我的世界之间没有清晰的界限——事实上,我对我周围的环境毫无察觉——也没有任何自我意识的挣扎来理解眼前的事物)。现在让我们快速回顾一下我们的步骤:花最初以它们的他者性或第二性("这是什么?")面对我,然后通过与其他事物或我自身的联系而变得可以理解("有人在想我");最后,它们如此完全地吸引了我的注意力,以至于除了它们独特而本质的品质之外,其他一切都消失了。这个简单叙述的要点可以这样描述:对立性(第二性或反对)之后是居间性(第三性或中介),居间性之后是自身性(第一性或直接性)。

皮尔斯自己最喜欢的第三性或中介性的例子之一是赠送行为。对他来说,赠送展现了一种不可简化的三元结构或形式——即任何将其分解为更简单事物的尝试都会失去其意义。在任何赠送行为中,都有一个赠送者、一个接收者和一个礼物。这一行为的一半是剥夺(赠送者剥夺自己所拥有的东西),另一半是获得(接收者获得或开始拥有新的东西)。但是,在赠送中,这两个二元体(作为被剥夺的赠送者和礼物;作为获得的接收者和礼物)是紧密结合的。如果赠送者只是简单地摆脱了自己的财产,而稍后接收者偶然发现了它,那么我们就有了两个偶然相关的二元体,但没有赠送行为。在提出他的三个范畴,特别是第三性范畴时,皮尔斯并不是在试图不必要地变得深奥或困难。但他确实在试图反驳我们根深蒂固的过于简单地思考事物的倾向。

thought 思想

思考的过程或行为;这一过程或行为的产品或结果。在符号学中,思想被视为一种符号过程。

对于符号学倡导者来说,符号学意味着一场概念革命,是对我们思考诸如心灵、意识、思想甚至情感等事物方式的根本性修正。查尔斯·桑德斯·皮尔斯提出,"没有理由认为'思想'……应该被狭隘地理解,即在沉默和黑暗中更有利于思考。相反,它应该被理解为涵盖所有理性生活,以至于实验也成为思想的一种操作"(CP 5.420)。特别是在西方现代思想时期,将思想视为在人的头脑或心灵内部发生的过程的倾向已经十分明显。这实际上使隐私

("沉默和黑暗")成为思想的一个基本特征。对于皮尔斯和其他符号学家来说,这是一个错误。不可否认,我们经常在想象的舞台上进行理想实验。但这种私人或隐蔽的实验是思考的原始、唯一或最重要的形式,则是非常值得怀疑的。

总之,尽管符号学家之间没有达成共识,但有一个明显的倾向是将思想视为一种对话过程,有时发生在私人领域或我们的想象中,但经常(甚至可能是大多数情况下)发生在我们世俗的交往和纠葛的公共领域。

根据皮尔斯的观点,思想的本质既在于具体性,也在于一般性。思想同时向相反的方向发展——向具体的应用和向越来越高的普遍性(CP 5.594-5)。换句话说,思想是一个辩证过程。符号学领域揭示了思想的这一方面,因为它表现出一种驱动力:一方面要了解符号的具体种类和应用,另一方面要了解符号的一般性。这一点在符号学家设计的复杂符号分类中显而易见,同时在他们著作中发现的符号(或符号过程)的一般定义或模型中也可以看到。参见"图伊主义"(tuism)。

token vs. type   标记;(个别)符号 / 类型符
参见"类型符/标记;(个别)符号"(type

vs. token)的对比讨论。

trace 痕迹；踪迹

在雅克·德里达的写作学中占据重要地位的一个术语。在德里达的写作学中，痕迹或铭刻扮演着类似于费尔迪南·德·索绪尔符号学和查尔斯·桑德斯·皮尔斯符号论中符号所扮演的角色。如果一个事物从未留下过任何关于自己的痕迹，那么它就不可能被人知晓，也不可能作为其他任何事物的符号。因此，没有可见、可触或其他方式可感知的标记或痕迹，符号过程或符号行为就无从谈起。但同样，没有空间或间距，符号过程也是不可能的：如果这页纸上的所有单词都紧密无间，那就只会是一团墨迹，而不是单词（或图形符号）。如果一个事物能够完全且永恒地存在［参见"存在"（presence）］，那它就不需要留下自己的痕迹：因为它会永远存在，所以不需要留下任何表明它曾在此或将在彼的消息。毕竟，这些消息正是痕迹所要传达的。我看到公寓外的脚印，推断出有人来过；我看到云朵，推断出要下雨。痕迹与那些不在场的事物相关联，比如那些已经不在此处或尚未到达的事物。对于德里达来说，它与那些原则上永远不可能在场的事物相关联。有一个古老、强大且持久的梦想,认为我们在自然和人文文本中遇到的痕迹能够引导我们进行面对面的交流,在其中自我与他人能够完全相互呈现;这个梦想认为这些痕迹就像是一架梯子,我们可以借助它攀上山脊,并在到达山脊后将其踢开。如果面对面交流是可能的,那么符号或痕迹就是可有可无的:在某一时刻,我们可以抛弃它们,因为它们不再被需要。我们将面对面交流,无须通过符号、上帝、自然或其他任何我们可以用来指代绝对(即完全且最终)在场之物的中介。

德里达的解构主义通过强调痕迹、空间、差异等来试图唤醒我们从这个古老、强大且持久的梦想中醒来。参见"超验所指"(transcendental signified)。

transcendental 超验的

伊曼努尔·康德引入并为哲学家所广泛使用的术语,用以指称一种与经验主义和实验主义调查模式截然不同的探究或反思形式。超验的探究关注的是探索所调查对象的可能性条件。有时,符号学被认为正是在这种康德式的意义上具有超验性,因为它探究的是意义(或交流)的可能性条件。

transcendental signified 超验所指；超越所指

雅克·德里达和其他解构主义者使用的一个表达，用以指称任何据称本身不是能指的所指。在解构主义者的判断中，对任何超验所指的诉求都会起到阻止（就像思想警察可能会阻止的那样）能指游戏的作用。对于德里达来说，不存在超验所指，因为所有的所指最终都会以某种方式卷入能指的游戏中。他对超验所指概念的反对是他对"在场"批判的核心。因为超验所指被假定为是完全且最终在场的，或者（换句话说）是绝对且直接在场的。参见"痕迹"（trace）。

transuasion 第三性

查尔斯·桑德斯·皮尔斯为"第三性"（thirdness）所取的名称之一。

译者注：在皮尔斯的符号学理论中，"第三性"是一个核心概念，它指的是符号过程中除了符号本身（代表项）和它所代表的对象之外，还包括解释项，即符号在解释者心中所产生的意义或效果。因此，transuasion 可以理解为通过符号传递意义、影响解释者的过程，它强调了符号的解释性和动态性。

triadic 三元的,三部分的;具有三个部分、方面或层次的

查尔斯·桑德斯·皮尔斯将符号定义为符号载体、对象和解释项之间的相关性,这种定义被描述为三元的,而费尔迪南·德·索绪尔将符号定义为能指和所指之间的相关性,这种定义则具有二元性(两部分的)。

trichotomy 三分法;三分论

二分法是将某物分为两部分的过程或结果,三分法则是将某物分为三个部分的过程或结果(即三分分类或三元法)。费尔迪南·德·索绪尔对符号的研究方法倾向于二分法,而查尔斯·桑德斯·皮尔斯的方法则倾向于三分法或三元法。

trope 转义修辞;比喻;修辞

一种修辞手法;以比喻(而非字面)意义使用的词汇或表达。

隐喻、转喻和提喻是最常见的转义修辞手法。隐喻有时在非常宽泛的意义上被用作转义修辞的同义词(换言之,作为一个涵盖所有修辞手法的术语)。它也被更狭义地使用,以指定一种特定的修辞手法。

对最重要转义修辞手法的识别和分析是古典修辞学的核心关注点。在这方面和其他方面，古典修辞学对当代符号学家来说具有价值。在这里，就像在许多其他领域（例如逻辑学和语言学）一样，符号的研究已经展开，尽管不是以符号学的名义，也不是为了有意识地阐述一种一般理论。

tuism 图伊主义

查尔斯·桑德斯·皮尔斯创造的术语，用于指代一种独特的思维观念。皮尔斯自己的定义已臻完美，"所有思维都是针对第二个人，或者针对未来的自己如同针对第二个人一样的学说"（Wl：xxix）。参见"对话主义"（dialogism）。

tychism 泰基主义

查尔斯·桑德斯·皮尔斯创造的术语，用于指代绝对或客观机遇的学说。

type vs. token 类型符／标记；（个别）符号

"类型符"被视为可无限复制的实体或功能的符号，"标记"是符号的或更准确地说是型符的单独复制或实例。类型符本身就是型符，是一种可无限复制的形式。一个类型可以有众多的标记。例如,单词"the"在这个词典中以及在其他许多著作中无数次出现。从某种意义上说,同一个单词出现在不同的地方。但这些不同的实例或具体体现就是不同的。这个"the"与所有其他实例都不同。皮尔斯通过将这些实例或具体体现称为类型"the"的标记来区分这种差异。当我们说同一个单词出现在无数地方时,我们指的是类型符;而当我们说在某巨著中有 59 049 个实例时,我们指的是标记。由于类型符在标记中被复制,皮尔斯有时用"复制品"(replica)作为"标记"的同义词。约瑟夫·兰斯德尔提出,类型和标记最好被视为三元组的一部分,而这个三元组相当于质符、单符、型符的三分法。

typology 类型学

"分类"(classification)[参见"分类学"(taxonomy)]的同义词。符号学家的著作中充满了对符号的类型学分类。其中最简单的分类或许是将符号分为自然符号和约定符号,而最复杂的分类无疑是查尔斯·桑德斯·皮尔斯提出的(通过一个数学公式得出的)有 59 049 种符号类型的分类(CP 1.291)。

U u

***Umwelt* 环境；周围世界**

德语单词，通常翻译为"周围世界"，或更简单地称为"环境"。雅各布·冯·尤克斯库尔是一位工作与符号学直接相关的生物学家，他使用这个词来指代生物体能够感知到的环境。因此，*Umwelt* 不仅仅是指客观上存在的事物，而且是生物体在感知和操作上能够接触到的事物。

universal 普遍性

一个可以适用于众多甚至无数个体（例如人类）的术语。从古希腊哲学家柏拉图到当代作者，普遍性的地位一直是一个有争议的话题。参见"一般"（general）、"唯名论"（nominalism）、"实在论"（realism）。

unmotivated 无动机的

同义词为"任意的"（arbitrary）；缺乏内在联系或自然基础。根据费尔迪南·德·索绪尔及其所影响的无数结构主义者和符号学家的观点,符号的产生是基于某种任意的相关性,比如声音和概念之间的相关性。这种相关性也被称为"无动机的":声音形象本身没有任何东西将它与相关的概念联系起来。音素"boy"与其义素(意义)之间没有相似之处。索绪尔确实承认有些符号是有动机的,例如一对天平作为正义的象征。但他淡化了这些符号的重要性。

usage/use 用法;使用

指语言习惯上或通常的使用方式,暗含这种用法或多或少具有权威性。据说,路德维希·维特根斯坦在其后期思想中曾建议:"不要问一个词的意义,要看它的用法。"我们只有通过关注词语和陈述在实际中使用的各种方式,才能学会词语的意义。意义既不在某个私人领域(例如,自己的心灵或意识)中,也不在某种超越的领域(柏拉图的"形式"或"理念")中,它要在日常语言的既定用法中寻找。维特根斯坦并没有打算将这一观点作为意义的"理论";事实上,他对所有这样的理论都深表怀疑。这些理论是问题的一部分。解决方案是小心翼翼地转向日常用法。这种对意义的理解方式接近于,甚至位于当代英美哲学语言学转向的中心。

utterer 发话者

查尔斯·桑德斯·皮尔斯等人使用的术语，用于指代符号的制作者（例如，图表、文本或话语的创作者）。因此，发话者不应被必然地理解为普通意义上的说话者，它的含义更为广泛。参见"发话者"(addresser)。

V v

value 价值；值

在最常见的意义上，某物的价值是指其值得的程度。但是，在费尔迪南·德·索绪尔的语言学中，价值的含义完全不同，并且实际上很难理解。价值这个词是从经济学中借来的，因为索绪尔有意识地试图在经济学和他自己的语言学方法之间建立一种比较。由于历时语言学研究语言的发展或演变，它与经济史相对应；而共时语言学则研究在给定的语言系统内运作的形式机制，这与索绪尔时代的"政治经济学"以及我们现在的"经济学"相对应。在语言学中，就像在经济学中一样，"我们面临着价值的概念；两门科学都关注将不同顺序的事物等同起来的系统——一门是劳动和工资，另一门是所指和能指"。

verbal 口头的

源自拉丁语 *verbum*，意为"词"。与词相关或由词组成；例如，口头交流是通过词进行的交流。

verbicide 词义消亡

指词语被滥用或疏忽使用而失去其独特意义的现象。例如,"awful"这个词已经被有效地"谋杀"了:人们不能用它来指代令人敬畏的事物,因为它的宽泛含义(作为 terrible 或 objectionable 的同义词)几乎成了它的唯一含义——尽管许多词典都将其原始含义列为第一个义项。

***verbum mentis* 心中的词;内心的词**

拉丁语表达式。在中世纪思想中,人们常常认为,在普通、公开意义上的词语之前和独立于这些词语之外,存在着内在或心灵的词语。这些心灵的词语是前语言或超语言的概念。假设存在这样的词语,会使思想比几乎所有当代符号学家所承认的更独立于语言和符号化。

verifiability 可验证性

源自拉丁语 *veritas*,意为"真理"。指一个陈述能够被验证(或证明为真)的能力。可验证性是实证主义者的口号,他们试图使用可验证性标准来区分有意义的和无意义的断言或陈述。对他们来说,如果一个陈述在原则上是可以验证的(即,如果存在可以证实其真实性的证据或经验），那么这个陈述就是有意义的；然而，如果一个陈述在原则上是不可验证的，那么它就是无意义的。实证主义的命运与可验证性原则紧密相连。当这个原则被质疑——至少在实证主义者经常使用的粗浅和还原论的意义上——实证主义本身也受到了质疑。

Verstehen 理解

参见"理解；诠释"（*Erklärung*）。

W w

Welby, Victoria Lady 维多利亚·韦尔比夫人 (1837—1912)

大约在费尔迪南·德·索绪尔宣布符号学（一门致力于研究"社会中符号的生命"的科学）可能性的同时，维多利亚·韦尔比夫人构想出了"significs"（意指）这一概念，即"研究所有形式和关系中的意义本质"（1911：vii）。她的两部主要作品是《什么是意义？》(*What Is Meaning*, 1903) 和《意指与语言》(*Significs and Language*, 1911)。在韦尔比主动要求出版商向查尔斯·桑德斯·皮尔斯寄送一本书后，皮尔斯对这本书进行了有利的评价。此时，她还开始了与皮尔斯的通信，一直持续到她去世前不久。这些信件交流收录在查尔斯·S. 哈德威克 (Charles S. Hardwick) 编辑的《符号学与意指》(*Semiotic and Significs*, Bloomington：Indiana University，1977) 一书中，其中包含了关于符号本质和种类的重要和开创性的思想。尽管如今韦尔比夫人因其与皮尔斯的通信而非她自己的著作更为人所知,但这些著作的价值或许尚未得到充分的认识。

Weltanschauung 世界观;人生哲学

德语单词。

Wittgenstein, Ludwig Josef Johann 路德维希·约瑟夫·约翰·维特根斯坦(1889—1951)

20世纪最具影响力的哲学家之一。他出生于奥地利的一个富裕家庭,后来在英国剑桥大学获得哲学教职。由于他后来摒弃了许多早年的观点,因此人们区分了早期和晚期的维特根斯坦。他的早期观点体现在《逻辑哲学论》(*Tractatus Logico-Philosophicus*, 1922)中,而他的成熟观点则在他去世后出版的《哲学研究》(*Philosophical Investigations*, 1953)中得以呈现。起初,维特根斯坦通过作为教师和同事的个人交往,而不是通过他的著作,对英美哲学产生了巨大的影响。语言学转向在很大程度上归功于他的早期和晚期思想。他对私人语言的批判,将意义视为用法的观点,关于语言游戏、生活形式和哲学作为概念治疗形式的概念,都与符号学研究有着直接而深刻的联系。

writable or writerly text 可写文本或作家式文本

罗兰·巴特的术语 *scriptible* 的两种翻译方式,用于区分一种独特的文学文本类型。与可读文本(readerly text)相比,作家式文本邀请读者有意识地参与文本意义的构建或编织。这类文本通常具有挑战性:它们通过以各种方式暴露而非隐藏叙事构建的装置和代码,试图震撼读者。这里可以想到詹姆斯·乔伊斯的《尤利西斯》(*Ulysses*)或《芬尼根的守灵夜》(*Finnegan's Wake*),它们无疑是作家式文本的典范。当可读文本被呈现为一种供消费的成品时,作家式文本则被设计为一个持续的、有待参与的过程。作家式文本旨在颠覆和挑战资产阶级社会的主流风气,因为这种风气(至少在巴特和许多其他文化批评家的判断中)将一切(包括文本或写作)都变成了商品,并将许多商品变成了崇拜物。这些文本的挑战性太强,无法让读者享受到被动消费的乐趣。参见"'极乐'文本"(bliss, texts of)。

writing 写作

在或多或少持久的媒介上刻写符号的过程;这一过程的结果,简而言之,即铭刻

(inscription)。传统上,人们认为写作是符号的次级系统,书面文字本身就是口头符号的符号。然而,近几十年来,解构主义者雅克·德里达对这种对言语的偏爱提出了挑战。他认为"书写"(écriture,法语中的"写作")是形式差异的原始游戏,通过这种游戏产生了符号,进而产生了意义。不应认为这种意义上的写作可以与日常意义上的写作等同起来,尽管德里达希望利用它们之间的相似性(例如,符号的物质性)。

"语言"(language)和"语言学"(linguistics)这两个词都来源于拉丁语 lingua(意为"舌头"),因此它们更多地指向说话而非写作。有影响力的语言学家伦纳德·布龙菲尔德甚至声称,"写作不是语言,而只是用可见符号记录语言的一种方式"(1933:21)。这一说法实际上回应了费尔迪南·德·索绪尔的观点:"语言和书写是两个不同的符号系统,第二个存在的唯一目的是表示第一个。语言学的对象既不是词语的书写形式,也不是口头形式,而是仅由口头形式构成的[语言学]对象。"(1916/1966:23-24)在这里,语言被视为一个听觉符号的正式系统。

这种语言观最近被描述为"语音中心主义的"(phonocentric,源自希腊语 phonema,意为

"言语"),因为它主要或仅关注作为声音图像或听觉形式的语言符号。雅克·德里达的"写作学"(grammatology),即"在言语之前和之中的书写科学",旨在挑战符号学研究的语音中心主义偏见。对于德里达来说,写作"意味着铭刻,特别是符号的持久性制度"(1967:44)。这样理解的话,写作(常被称为元书写)就成为了符号学或符号行为的等价物。在我们关于符号的论述中,需要关注的焦点是已建立的或铭刻的痕迹,"书写"的、持久的标记,而不是声音图像。这至少是德里达写作学的一个核心主张。

writing under erasure 擦除下的写作

参见"擦除"(erasure)。

writing degree zero 零度写作

参见"零度(写作)"(zero degree)。

Z z

Zeichen **符号;标志**

德语中的"符号",也可指"标志""印记""徽章","信号""迹象""证据"。

译者注:这是一个广泛的概念,涵盖从简单的记号到复杂的象征系统的一切。

Zeichentheorie **符号理论**

德语中的"符号理论","符号学"的同义词。

译者注:它研究符号的性质、起源、功能、应用以及符号系统之间的关系等。

Zeitgeist **时代精神**

德语单词,意为"时代精神"或"时代风貌"。通常用来描述一个时代的主流情感或氛围。

译者注:"时代精神"一词反映了该时代的社会、文化、政治和经济状况对人们思想和行为的影响。

zero degree 零度（写作）

罗兰·巴特提出的术语，用于描述一种试图抹去或隐藏自身的写作风格。在像埃米尔·左拉、阿尔贝·加缪和欧内斯特·海明威这样的作家作品中，我们可以遇到一种精心雕琢的、不引人注目的风格。

译者注： 这种风格通过其简约、直接和不加修饰的特点，以及对客观现实的忠实再现，吸引读者的注意。它避免了传统的修辞手法和文学技巧，以达到一种更加真实和自然的表达效果。

zoosemiosis 动物符号（研究）

指动物界中存在的各种符号过程。有时，"动物符号"在广义上被使用，包括人类符号学；而在其他情况下，它则被狭义地使用，排除了人类（智人）所独有的符号过程和符号形式。

zoosemiotics 动物符号学

符号学的分支之一，专门研究动物符号。这个术语由托马斯·塞比奥克于1963年创造，并将其定义为"符号科学与动物行为学交叉的学科，致力于对动物物种内部及跨物种的信号行为进行科学研究"（1972：178）。动物行为学是研究动物行为的科学，而民族学则是人类学的一个分支，专注于研究社会经济系统和文化传统，特别是在没有现代技术的社会中。这两个研究领域都在多个重要方面与符号学有所交集。

精选参考书目

Austin, J. L. *Philosophical Papers*. Oxford: Oxford University Press, 1961.

Barthes, Roland. *Elements of Semiology*. New York: Hill & Wang, 1967.

Barthes, Roland. *The Fashion System*. New York: Hill & Wang, 1983.

Barthes, Roland. *A Barthes Reader*, ed. by Susan Sontag. New York: Hill & Wang, 1982.

Barthes, Roland. *Image-Music-Text*. New York: Hill & Wang, 1977.

Barthes, Roland. *Pleasure of the Text*. New York: Hill & Wang, 1976.

Barthes, Roland. *S/Z*. New York: Hill & Wang, 1974.

Cassirer, Ernst. *The Philosophy of Symbolic Forms*, 3 vols. New Haven, Conn.: Yale University Press, 1957.

Clarke, D. S. *Principles of Semiotic*. London:

Routledge & Kegan Paul, 1987.

Culler, Jonathan. *On Deconstruction*. London: Routledge & Kegan Paul, 1983.

Culler, Jonathan. *The Pursuit of Signs*. Ithaca, N. Y. : Cornell University Press, 1983.

Culler, Jonathan. *Ferdinand de Saussere*, rev. ed. Ithaca, N. Y. : Cornell University Press, 1986.

Deely, John. *Basics of Semiotics*. Bloomington: Indiana University Press, 1990.

Deely, John. *Introducing Semiotics: Its History and Doctrine*. Bloomington: Indiana University Press, 1982.

Derrida, Jacques. *Dissemination*. Chicago: University of Chicago Press, 1981.

Derrida, Jacques. *Margins of Philosophy*. Chicago: University of Chicago Press, 1982.

Derrida, Jacques. *Of Grammatology*. Chicago: University of Chicago, 1976.

Derrida, Jacques. *Writing and Difference*. Chicago: University of Chicago Press, 1978.

Dewey, John. *On Experience, Nature and Freedom*, ed. by Richard J. Bernstein.

Indianapolis: Library of Liberal Arts, 1960.

Eagleton, Terry. *Literary Theory: An Introduction*. Minneapolis: University of Minnesota Press, 1983.

Eco, Umberto. *The Role of the Reader*. Bloomington: Indiana University Press, 1979.

Eco, Umberto. *A Theory of Semiotics*. Bloomington: Indiana University Press, 1976.

Fisch, Max H. *Peirce, Semiotic, and Pragmatism*. ed. by Kenneth Laine Ketner and Christian J. W. Kloesel. Bloomington: Indiana University Press, 1986.

Foucault, Michel. *Language, Counter-Memory, Practice: Selected Essays and Interviews*. Ithaca, N. Y.: Cornell University Press, 1977.

Foucault, Michel. *The Order of Things: An Archeology of the Human Sciences*. New York: Random House, 1970.

Gadamer, Hans-Georg. *Philosophical Hermeneutics*. Berkeley: University of California Press.

Greimas, A. J. *Structural Semantics*. Lincoln: University of Nebraska Press, 1983.

Greimas, A. J. , Joseph Courtés. *Semiotics and Language: An Analytical Dictionary*. Bloomington: Indiana University Press, 1982.

Hawkes, Terrence. *Structuralism and Semiotics*. Berkeley: University of California Press, 1977.

Hjelmslev, Louis. *Prolegomena to a Theory of Language*. Madison: University of Wisconsin Press, 1974.

Hoy, David Couzens. *The Critical Circle: Literature, History, and Philosophical Hermeneutics*. Berkeley: University of California Press, 1978.

Jakobson, Roman. *Verbal Art, Verbal Sign, Verbal Time*. Minneapolis: University of Minnesota Press, 1985.

Jameson, Frederic. *The Prison-House of Language: A Critical Account of Structuralism and Russian Formalism*. Princeton, N. J. : Princeton University Press, 1972.

Kristeva, Julia. *Desire in Language*, ed. by

L. Roudiez (NY: Columbia University Press, 1980).

Kristeva, Julia. *The Kristeva Reader*, ed. by Toril Moi (Oxford: Blackwell, 1986).

Lyotard, Jean-Francois. *The Postmodern Condition-A Report on Knowledge*. Minneapolis: University of Minnesota, 1984.

Noth, Winfred. *Handbook of Semiotics*. Bloomington: Indiana University Press, 1990.

Piaget, Jean. *Structuralism*. New York: Harper, 1971.

Peirce, Charles Sanders. *Collected Papers*, vols. 1 – 6 edited by Charles Hartshorne and Paul Weiss; vols. 7 and 8 edited by Arthur W. Burks. Cambridge, Mass.: Harvard University Press, 1931 – 1958.

Peirce, Charles Sanders. *Semiotic and Significs: The Correspondence between Charles S. Peirce and Victoria Lady Welby*, edited by Charles S. Hardwick. Bloomington: Indiana University Press, 1977.

Sarup, Madan. *An Introduction to Post Structuralism and Postmodernism*. Athens:

University of Georgia Press, 1989.

Saussure, Ferdinand de. *Course in General Linguistics*, translated by Wade Baskin. New York: McGraw-Hill, 1966.

Savan, David. *An Introduction to C. S. Peirce's Full System of Semeiotic*. Toronto: Toronto Semiotic Circle, 1987 – 1988.

Sebeok, Thomas. *Contributions to the Doctrine of Signs*. Lanham, Md. : University Press of America, 1985.

Sebeok, Thomas. *The Sign and Its Masters*. Austin: University of Texas Press, 1979.

Sebeok, Thomas. (ed.). *Encyclopedic Dictionary of Semiotics*, 3 vols. Berlin: Mouton de Gruyter, 1986.

Sheriff, John K. *The Fate of Meaning: Charles Peirce, Structuralism, and Literature*. Princeton, N. J. : Princeton University Press, 1989.

Silverman, Kaja. *The Subject of Semiotics*. New York: Oxford University Press, 1983.

Smith, Paul. *Discerning the Subject*. Minneapolis: University of Minnesota Press, 1988.

Wittgenstein, Ludwig. *Philosophical Inves-*

tigations. Oxford: Blackwell, 1953.

Woolf, Virginia. *A Room of One's Own*. New York: Harcourt Brace Jovanovich, 1957.

外国人名译名对照表

A

A. J. 艾耶尔	A. J. Ayer
A. J. 格雷马斯	A. J. Greimas
阿尔贝·加缪	Albert Camus
阿尔吉达斯·朱利安·格雷马斯	Algirdas Julien Greimas
阿奇博尔德·麦克利什	Archibald Macleish
埃德蒙德·胡塞尔	Edmund Husserl
埃米尔·本维尼斯特	Émile Benveniste
埃米尔·涂尔干	Émile Durkheim
埃米尔·左拉	Émile Zola
爱德华·霍尔	Edward T. Hall
爱德华·萨丕尔	Edward Sapir
安德烈·马丁内特	André Martinet
安妮·苏利文	Anne Sullivan
奥古斯丁	Augustine
奥古斯特·孔德	Auguste Comte
奥卡姆	Ockham

B

B. F. 斯金纳	B. F. Skinner

巴门尼德	Parmenides
保罗·格莱斯	Paul Grice
保罗·利科	Paul Ricoeur
鲍里斯·艾亨鲍姆	Boris Eikhenbaum
贝尔托尔特·布莱希特	Bertolt Brecht
本杰明·沃尔夫	Benjamin Whorf
波菲利	Porphyry
波因索	Poinsot
伯特兰·罗素	Bertrand Russell
柏拉图	Plato

C

C. I. 刘易斯	C. I. Lewis
查尔斯·莫里斯	Charles Morris
查尔斯·S. 哈德威克	Charles S. Hardwick
查尔斯·桑德斯·皮尔斯	Charles Sanders Peirce

D

| 大卫·休谟 | David Hume |

E

| E. D. 赫希 | E. D. Hirsch, Jr. |
| 恩斯特·卡西尔 | Ernst Cassirer |

F

| 费尔迪南·德·索绪尔 | Ferdinand de Saussure |

弗吉尼亚·伍尔夫	Virginia Woolf
弗雷德里克·詹姆逊	Frederic Jameson
弗里德里希·尼采	Friedrich Nietzsche
弗里德里希·施莱尔马赫	Friedrich Schleiermacher
伏尔泰	Voltaire

G

G. E. 摩尔	G. E. Moore
盖伦	Galen
戈特弗里德·莱布尼茨	Gottfried Leibniz
戈特洛布·弗雷格	Gottlob Frege
格奥尔格·威廉·弗里德里希·黑格尔	Georg Wilhelm Friedrich Hegel

H

哈拉尔德·温里奇	Harald Weinrich
海伦·凯勒	Helen Keller
汉斯-格奥尔格·伽达默尔	Hans-Georg Gadamer
汉斯·罗伯特·尧斯	Hans Robert Jauss
赫耳墨斯	Hermes
贺拉斯	Horace
亨利·詹姆斯	Henry James
胡斯托斯·布赫勒	Justus Buchler
霍布斯	Hobbes

J

J. 库尔特斯	J. Courtes
J. L. 奥斯丁	J. L. Austin
伽利略	Galileo
杰里米·边沁	Jeremy Bentham

K

卡尔·布勒	Karl Bühler
卡尔·马克思	Karl Marx
卡尔·荣格	Carl Jung
卡佳·西尔弗曼	Kaja Silverman
克劳德·列维-斯特劳斯	Claude Levi-Strauss
克里斯蒂安·麦茨	Christian Metz
肯尼斯·L. 派克	Kenneth L. Pike

L

勒内·笛卡儿	René Descartes
理查德·J. 伯恩斯坦	Richard J. Bernstein
理查德·罗蒂	Richard Rorty
鲁滨孙·克鲁索	Robinson Crusoe
路德维希·维特根斯坦	Ludwig Wittgenstein
路易·阿尔都塞	Louis Althusser
路易斯·叶尔姆斯列夫	Louis Hjelmslev
露西·伊利加雷	Luce Irigaray
罗宾	Robin
罗兰·巴特	Roland Barthes

罗曼·英伽登	Roman Ingarden
罗曼·雅各布森	Roman Jakobson
伦纳德·布龙菲尔德	Leonard Bloomfield

M

马丹·萨鲁普	Madan Sarup
马丁·布伯	Martin Buber
马丁·海德格尔	Martin Heidegger
玛格丽特·米德	Margaret Mead
梅林	Merlin
门罗·比尔兹利	Monroe Beardsley
米哈伊尔·巴赫金	Mikhail Bakhtin
米歇尔·福柯	Michel Foucault
莫里斯·梅洛-庞蒂	Maurice Merleau-Ponty

N

| 牛顿 | Newton |
| 诺姆·乔姆斯基 | Noam Chomsky |

O

| 欧内斯特·海明威 | Ernest Hemingway |

P

| 皮埃尔·保罗·帕索里尼 | Pier Paolo Pasolini |

Q
乔赛亚·罗伊斯	Josiah Royce
乔治·贝克莱	George Berkeley
乔治·赫伯特·米德	George Herbert Mead

R
让-弗朗索瓦·利奥塔	Jean-François Lyotard
让·皮亚杰	Jean Piaget

S
塞缪尔·约翰逊	Samuel Johnson
斯科特·汉密尔顿	Scott Hamilton
斯坦利·费什	Stanley Fish
苏格拉底	Socrates
苏珊娜·朗格	Susanne Langer

T
T. L. 肖特	T. L. Short
特蕾莎·德·劳蕾蒂斯	Teresa de Lauretis
特里·伊格尔顿	Terry Eagleton
托尔斯坦·凡勃伦	Thorstein Veblen
托勒密	Ptolemy
托马斯·A. 塞比奥克	Thomas A. Sebeok
托马斯·阿奎那	Thomas Aquinas
托马斯·杰斐逊	Thomas Jefferson

托马斯·库恩	Thomas Kuhn
托马斯·里德	Thomas Reid

V
V. I. 普罗普	V. I. Propp

W
威廉·狄尔泰	Wilhelm Dilthey
威廉·威姆萨特	William Wimsatt, Jr.
威廉·詹姆斯	William James
威拉德·范·奥曼·奎因	Willard Van Orman Quine
维多利亚·韦尔比	Victoria Welby
维克托·什克洛夫斯基	Viktor Shklovsky
文森特·M. 科拉彼得罗	Vincent M. Colapietro
翁贝托·艾柯	Umberto Eco
沃尔夫冈·伊瑟	Wolfgang Iser
沃克·珀西	Walker Percy

X
希波克拉底	Hippocrates
西格蒙德·弗洛伊德	Sigmund Freud
雪莉·霍恩	Shirley Horn

Y
雅各布·冯·尤克斯库尔	Jakob von Uexkull

雅克·德里达	Jacques Derrida
雅克·拉康	Jacques Lacan
亚里士多德	Aristotle
伊曼努尔·康德	Immanuel Kant
尤达	Yoda
约翰·波因索	John Poinsot
约翰·邓斯·司各脱	John Duns Scotus
约翰·迪利	John Deely
约翰·杜威	John Dewey
约翰·洛克	John Locke
约翰·塞尔	John Searle
约翰·威兹德姆	John Wisdom
约瑟夫·兰斯德尔	Joseph Ransdell

Z

詹姆斯·乔伊斯	James Joyce
朱莉娅·克里斯蒂娃	Julia Kristeva

词条索引(外文—中文)

A

a posteriori	后验	38
a priori	先验	39
a priori method	先验方法	39
abduction	试推法;溯因推理	1
abject, the	贱弃	2
abridgement	缩写	4
abstraction	抽象	5
actant	行为主体	6
actantial analysis	行为分析	7
acteme	行动素	8
acteur	行动者	9
actuality	现实性	9
actualization	语境化;现实化	11
ad hoc	特设	18
ad hominem	人身攻击	19
addressee	受话者	12
addresser	发话者	13
adequacy	充分性	14
adequatio	适恰	15
adjuvant	辅助者;助手	17

aesthetic function of language	语言的审美功能	17
aesthetics	美学	20
agency	代理	21
agreeableness to reason, method of	合理性方法	21
algorithm	算法	22
alienation effect or A-effect	间离效应或A效应	22
aliquid stat pro aliquo	符号指代关系；一物代表一物	23
alterity	他异性；异质性	25
Althusser, Louis	路易·阿尔都塞	26
ambiguity	歧义	27
ampliative/explicative	增扩性的/解释性的	27
anagram	易位词	27
analepsis	倒叙	28
analogy	类比	28
analysis	分析；解析	29
analytic/synthetic judgments	分析判断/综合判断	30
animal symbolicum	符号性动物；动物符号	31
anthropomorphism	拟人化	32
anthroposemiosis	人类符号活动	33
anthroposemiotics	人类符号学	34
anti-humanism	反人道主义	34

antinomy	悖论	35
antipsychologism	反心理主义	36
anti-realism	反现实主义	37
aperçu	概述；一览	37
aphasia	失语症	37
apodictic	绝对性	37
aporia	意义死角	38
arbitrariness	任意性	39
arche-	元；原；源	42
archetypes	元型；原型；源型	43
arche-writing	元书写	44
architectonic	建构学	45
architecture	建筑学；建筑符号学	46
argument	议位；论证；论元	47
argumentation	论证过程	48
Aristotle	亚里士多德	48
articulation	切分；分节	49
assertion	断言	51
assertory	断言性的	51
associative	联想关系	52
Aufhebung	扬弃	53
Aufklärung	启蒙	53
aural	听觉的	53
Austin, John Langshaw	约翰·兰肖·奥斯丁	53
author, death of the	作者的死亡	55
author's intention or authorial intention	作者意图或作者原意	57

authority, method of	权威的方法	58
auto-	自我；自动	59
autocriticism, autocritique	自我批评	59
autogenesis	自然发生	60
autonomy	自主性	61
autotelic	自我指向的	62
auxiliant	辅助者	62
axiology	价值论	63
axiom	公理	63
axis	轴线	63

B

Bakhtin, Mikhail	米哈伊尔·巴赫金	65
Barthes, Roland	罗兰·巴特	65
Bedeutung	指称	67
behaviorism	行为主义	68
behaviorist theory of meaning	行为主义意义理论	69
being	存在	70
belief	信念	70
Benveniste, Émile	埃米尔·本维尼斯特	72
Besprochen Welt	被讨论或被评论的世界	72
binarism	二元论	73
binary code	二进制代码	73
binary opposition	二元对立	73

biosemiosis	生物符号行为	76
biosemiotics	生物符号学	76
bit	比特	76
bliss (*jouissance*), texts of	"极乐"文本	76
bricolage	拼凑	78
bricoleur	拼凑者	78
Buchler, Justus	胡斯托斯·布赫勒	79
Bühler, Karl	卡尔·布勒	80

C

CA. conversation analysis	会话分析	81
canon	标准;规范	81
Cartesian	笛卡儿的	81
Cartesianism	笛卡儿主义	81
Cassirer, Ernst	恩斯特·卡西尔	82
categoreal (categorical) scheme	范畴体系	83
categories	范畴	83
Categories, Peircean	皮尔斯范畴论	84
cathexis	情感贯注	86
channel	通道;渠道	86
chora	母体;子宫间	86
cinema	电影	87
clarity, grades of	清晰度等级	87
clôture	闭合	89

code	代码;符号;密码	90
coenoscopic	共视的	92
cogito	我思	93
collective mind	集体意识	94
collective unconscious	集体无意识	94
communication	传播;交际	95
competence and performance	能力和表现	96
conative	意动的;意动性	96
conclusion	结论	97
condensation	凝缩	97
connotation	内涵	98
consciousness	意识	99
conspicuous consumption	炫耀性消费	100
constative	表述话语;叙述	99
contact	连接	101
contemporary	当代	101
content and expression	内容与表达	102
context	语境	103
contextualism	语境主义;语境论	103
continuity	连续性	103
continuum	连续统	103
convention	约定俗成	104
conventional signs	约定性符号	105
conversation/inquiry	会话/探究	105
conversation analysis (CA)	会话分析	107

conversational rules	会话准则	106
cooperative principle	合作原则	107
co-text	伴随文本；共现文本；上下文	108
coupure épistémologique	认识论断裂	108
critic	批判逻辑	109
critical commonsensism	批判常识主义	109
critique	批判	110
cryptography	密码	111
cryptology	密码学	111
culture	文化	112

D

DA. discourse analysis	话语分析	113
decentering of the subject	主体的去中心化	113
decoder	解码者	114
deconstruction	解构	114
deconstructionism	解构主义	114
deduction	演绎推理	117
deep structure	深层结构	117
defamiliarization	陌生化	117
definiendum	被定义项	129
deictic	指示性的	118
denotation	外延	118

denotatum(复数 denotata)	所指物	118
Derrida, Jacques	雅克·德里达	119
Descartes, René	勒内·笛卡儿	120
descriptive	描述性	14
Dewey, John	约翰·杜威	121
diachronic	历时	121
diacritical	区分性的	122
diagram	图表	123
dialectic	辩证法	124
dialogism	对话主义	124
dialogue	对话	125
dicent	述位	126
dichotomy	二分法	127
dicisign	表述符号	127
dictionary vs. encyclopedia	词典/百科全书	127
différance	延异	128
difference	差异	129
Ding an sich	物自体	130
discourse	话语;语篇	130
discourse analysis (DA)	话语分析	131
discursive practice	论述实践	131
displacement	移置	132
dissemination	传播;散播	132
distinction	区分	133
double articulation	双倍切分	133

dream	梦	133
dualism	二元论	134
dyad	双；一对	134
dyadic	二元的	135

E

Eco, Umberto	翁贝托·艾柯	136
economy, principle of	经济性原则	136
écriture	书写	137
écrivain	作者	137
écrivant	写手	138
ego	自我	138
emic/etic	文化特有/普遍	138
empiricism	经验主义	139
encoder	编码器	140
encyclopedia vs. dictionary	百科全书/词典	140
engendering of subjectivity	主体性/主观性的生成/性别化	140
Enlightenment, The	启蒙运动	140
énoncé vs. *énonciation*	表述/表述行为	141
enthymeme	省略三段论	141
épistémè	知识体系	142
epistemological	认识论的；与知识相关的	143
epistemology	认识论；知识论；知识学	143

erasure	擦除	143
Erklärung	解释	144
ethics of terminology	术语伦理学	144
exegesis	解经学	145
experience	经验	145
explanatory	解释性	14
expression vs. content	表达/内容	146
expressive	表达功能	147

F

fallacy	谬误；谬见	148
fallibilism	易谬主义	148
family resemblance	家族相似性	148
fashion	时尚	149
firstness	第一性	150
form of life (*Lebensform*)	生命形式	150
function	功能；函数	151

G

Geisteswissenschaften	人文科学	152
gender/sex	性别/生理性别	152
general	一般	153
Gestalt	格式塔	153
glotto-, glutto-	口语的	153
glottocentrism	语言中心论	154

glottogenesis	音位符号系统的起源或演化	154
grammar	语法;语法学;语法规则	155
grammatology	写作学	155
Greimas, Algirdas Julien	阿尔吉达斯·朱利安·格雷马斯	155
ground	基础	156

H

habit	习惯	158
haecceitas, hecceity	此性;个体性	158
hermeneutic, hermeneutics	诠释学;解释学	159
hermeneutics of suspicion	怀疑的诠释学	159
heterocriticism	异体批评	160
heuristic	启发式的;试探的	161
hic et nunc	此地此刻	161
homo loquens	使用语言或说话的动物	161
humanism	人文主义	162
hypostatic abstraction	实体抽象	162
hypothesis	假说;假设	164

I

I	我	166

icon	象似符；类象符号	166
iconicity	象似性	167
id	本我	168
ideological superstructure	意识形态上层建筑	168
ideology	意识形态；思想体系；观念学	169
idiolect	个人语型；个人语言变体；个人方言	170
illocution	语内表现行为	170
illocutionary act or force	言外行为或言外之力	170
imaginary order or register	想象界或想象域	170
immediate knowledge	直接知识	171
index	指示符；指示；指示符号	172
individual	个体	172
induction	归纳	174
infelicitous	不适切的	175
infelicity	不适切性	175
inference	推论	174
inquiry/conversation	探究/对话	175
intentionality	意向性；意向论；意图性	176
interpretant	解释项；阐释义	176
interpreter	解释者	177
intersemiotic	跨符号学	177

intersubjectivity	主体间性;交互主观性	177
intertextuality	互文性;文本间性	178
intrasemiotic	内部符号学	179
intuition	直觉	179
intuitive knowledge	直觉知识	179
Irigaray, Luce	露西·伊利加雷	180
irredicible	不可还原的	180
irreducibility	不可还原性	180
iterability	可迭代性	181
iteration	迭代	181

J

Jakobson, Roman	罗曼·雅各布森	182
jouissance	愉悦	182

K

Kristeva, Julia	朱莉娅·克里斯蒂娃	183

L

Lacan, Jacques	雅克·拉康	184
lack	缺失	184
Langer, Susanne	苏珊娜·朗格	185
language	语言;语言系统	186
language vs. (speech or discourse)	语言/言语或话语	189
language game	语言游戏	189

langue vs. *parole*	语言系统/言语行为	189
latent vs. manifest content	潜在内容/显现内容	190
Lebenswelt	生活世界;日常经验的世界	190
legisign	型符	191
lexical	词汇的	192
lexicon	词典	192
linearity	线性	192
linguistic turn	语言学转向	193
lisible	读者导向	193
literal vs. metaphorical (or figurative) usage	字面意义/隐喻意义（或比喻意义）的使用	194
literariness	文学性	195
Locke, John	约翰·洛克	196
locutionary force	言内之力	196
logic	逻辑	197
logical positivism	逻辑实证主义	199
logocentrism	逻各斯中心主义;语言中心主义	200
Logos	逻各斯;理性	201

M

manifest content	显性内容	202
margin, margins	边缘;边缘地带	202
marked signifier	标记性能指	203

meaning	意义；含义	204
mediation	中介	205
medieval	中世纪的	206
mentalism	唯心主义	206
message	信息；信息内容	207
meta-	超越；之上	207
metalanguage	元语言	207
metalingual	元语言功能	208
metalinguistic	元语言的	208
metanarrative	元叙事	208
metaphor	隐喻	209
metatheory	元理论	209
methodeutic	方法学	209
metonymy	转喻	210
mirror stage	镜像阶段	210
modern	现代	210
modernity	现代性	211
morphology	形态学	211
Morris, Charles	查尔斯·莫里斯	211
motivation vs. arbitrariness	动机/任意性	212
myth	神话；神话学	212
mythos	神话	213

N

narrative	叙事	214
narrativity	叙事性	214

narratology	叙事学；叙述学	214
neologism	新词	214
New Criticism	新批评	215
New Historicism	新历史主义	215
noise	噪音	216
nomenclature	命名法；术语	216
nominalism	唯名论	217
nonverbal communication	非言语沟通	218
normative science	规范科学	219

O

object	对象；客体	220
object, immediate vs. dynamic	即时对象/动态对象	221
observational	观测性	14
ostranenie (*ostranenye*)	陌生化	222
other	他者	222
other of the other vs. other of the same	他者中的他者/他者中的相同者	222
otherness	他者性	222

P

pan-	全部；每一个	223
panchronic	泛时性	223
pansemiotic	泛符号性	224
pansemiotism	泛符号论	224

paradigm	范式;规范;聚合	225
paradigm shift	范式转换	225
paradigmatic vs. syntagmatic	聚合关系/组合关系	225
parapraxis	口误	226
parole vs. *langue*	言语/语言	226
parousia	巴罗西娅	226
patrilocation	父居制	227
Peirce, Charles Sanders	查尔斯·桑德斯·皮尔斯	227
performative utterance	施事话语	227
perlocution	言后行为	228
perlocutionary force	言后之力	228
phallocentric	男根中心的	228
phallocentrism	男根中心主义	228
phallus	男根(男性生殖器)的象征	229
phaneroscopy	显象学;显现学	229
phatic function	交际功能;酬应功能	229
phenomenology	现象学;现象论	230
phenomenon(复数 phenomena)	现象	230
phoneme	音位;音素	231
phonocentrism	语音中心主义	232
phytosemiotics	植物符号学	233
plaisir du texte, le	文本之乐	233
play	游戏	233

plot/story	情节/故事	234
plurisignation	多义性	234
poetic function of language	语言的诗意功能	234
poiesis	创造	234
Poinsot, John	约翰·波因索	234
poly-	许多	235
polyfunctional	多功能的	235
polysemy	多义性;多义词;一词多义	235
positivism	实证主义	235
postmodernism	后现代主义	235
poststructuralism	后现代结构主义;后结构主义	236
postulate	公设	236
pragmaticism	实用论	236
pragmatics	语用学	237
pragmatism	实用主义	238
praxis	实践	238
predicate	谓语	238
predication	述谓	238
prescissive	分离抽象	239
presence, metaphysics of	存在的形而上学	239
primary process	初级过程	239
private language	私人语言	239
privilege	特权	240

privileged	有特权的	240
problématique	问题域；问题集	240
proper	恰当的；合适的	241
proposition	命题	241
propositional attitude	命题态度	241
proxemics	空间符号学	241
psychoanalysis	精神分析	241

Q

qualisign	质符	243

R

ratio	理性	244
rationalism	理性主义	244
reader	读者	245
readerly	读者的	245
reader-response theory	读者反应理论	245
reading	阅读	246
real, the	实在界	247
realism	现实主义；实在论	247
reality	现实	248
reason	理性	248
reception theory	接受理论	248
recit	叙述文本	249
reductionism	还原论	249
reference	指称	249

reference, inscrutability of	指称的不可知性	250
referent	指称物	250
relatum(复数 relata)	关涉物	250
replica	复制品；复本	251
representamen	代表物	251
representation	表征	252
representation, system of	表征系统	252
retroduction	回溯推理	252
Rezeptionsästhetik	接受美学	253
rhematic sign	修辞符号	253
rheme	呈位	253
rhetoric	修辞；修辞学	253
rhetorical figure	修辞格；修辞手法	253
Russian formalism	俄罗斯形式主义	253

S

Sapir-Whorf hypothesis	萨丕尔-沃尔夫假说	255
Saussure, Ferdinand de	费尔迪南·德·索绪尔	255
scholastic	经院派(的)	256
science, method of	科学的方法	257
scientia	科学；知识	257
scientificity	科学性	257
scriptible	可书写的	258

Sebeok, Thomas Albert	托马斯·阿尔伯特·塞比奥克	258
secondness	第二性	258
semanteme	语义素	259
semantic	语义的	259
semantics	语义学	259
sematology	符号学总论	260
seme, sememe	义素；义位	260
semeion（复数 *semeia*）	符号	261
semeiotic	符号学；符号论	260
semeiotikos	释符者	264
semiogenesis	符号起源	261
semiology	符号学	261
semiosis	符号过程	262
semiotic web	符号网络	264
semiotics	符号学；符号语言学	263
sender	发送者	265
sign	符号	265
sign function	符号功能体；符号使用体	266
sign vehicle	符号载体	269
signal	信号	266
signans/signatum	能指/所指	266
signifiant	能指	267
signification	意指过程	267
significs	意指	267
signifie	所指	267

signified	所指物；所指	268
signifier	能指	268
signum	符号	268
signum ad placitum	约定俗成的符号	269
Sinn	意义	269
sinsign	单符	270
sjuzet（suzet, syuzhet）	情节	271
skeptic	怀疑论者	271
skepticism	怀疑论	271
speculative grammar	思辨语法	272
speculative rhetoric	思辨修辞	273
speech	言语	273
speech act theory	言语行为理论	273
stare pro	代表；代替	274
Stoic theory of signs	斯多葛符号理论	274
story/plot	故事/情节	275
"strange, making"	陌生化	275
structural linguistics	结构语言学	275
structuralism	结构主义	276
structuralist	结构主义者	276
subject	主体	277
subjectivity	主体性；主观性	277
subjectivity, primacy of	主观性的首要性；主体性的首要性	279
sujet en proces	处理中的主体	280
suture	缝合	280
symbol	象征；标志；符号	280

symbolic order or register	象征秩序或象征领域	281
synchronic vs. diachronic	共时/历时	282
synecdoche	提喻	283
synechism	连续性原则	283
syntactics	句法学；符号关系学	284
syntagm	组合关系	284
syntagmatic vs. paradigmatic	组合关系/聚合关系	284
system	系统；体系	284

T

taxonomy	分类法；分类学	285
text	文本；语篇；篇章	285
the semiotic/the symbolic	符号学的/象征的	263
thematize	主题化	287
thirdness	第三性	287
thought	思想	289
token vs. type	标记；(个别)符号/类型符	290
trace	痕迹；踪迹	291
transcendental	超验的	292
transcendental signified	超验所指；超越所指	293
transuasion	第三性	293

triadic	三元的,三部分的;具有三个部分、方面或层次的	294
trichotomy	三分法;三分论	294
trope	转义修辞;比喻;修辞	294
tuism	图伊主义	295
tychism	泰基主义	295
type vs. token	类型符／标记;(个别)符号	295
typology	类型学	296

U

Umwelt	环境;周围世界	297
universal	普遍性	297
unmotivated	无动机的	297
usage/use	用法;使用	298
utterer	发话者	299

V

value	价值;值	300
verbal	口头的	300
verbicide	词义消亡	301
verbum mentis	心中的词;内心的词	301
verifiability	可验证性	301
Verstehen	理解	302

W

Welby, Victoria Lady	维多利亚·韦尔比夫人	303
Weltanschauung	世界观；人生哲学	304
Wittgenstein, Ludwig Josef Johann	路德维希·约瑟夫·约翰·维特根斯坦	304
writable or writerly text	可写文本或作家式文本	305
writing	写作	305
writing degree zero	零度写作	307
writing under erasure	擦除下的写作	307

Z

Zeichen	符号；标志	308
Zeichentheorie	符号理论	308
Zeitgeist	时代精神	308
zero degree	零度（写作）	309
zoosemiosis	动物符号（研究）	309
zoosemiotics	动物符号学	309

词条索引(中文—外文)

A

阿尔吉达斯·朱利安·格雷马斯	Greimas, Algirdas Julien	155
埃米尔·本维尼斯特	Benveniste, Émile	72

B

巴罗西娅	*parousia*	226
百科全书/词典	encyclopedia vs. dictionary	140
伴随文本;共现文本;上下文	co-text	108
悖论	antinomy	35
被定义项	*definiendum*	129
被讨论或被评论的世界	*Besprochen Welt*	72
本我	id	168
比特	bit	76
闭合	*clôture*	89
边缘;边缘地带	margin, margins	202
编码器	encoder	140
辩证法	dialectic	124
标记;(个别)符号/类型符	token vs. type	290

中文	英文	页码
标记性能指	marked signifier	203
标准；规范	canon	81
表达/内容	expression vs. content	146
表达功能	expressive	147
表述/表述行为	énoncé vs. énonciation	141
表述符号	dicisign	127
表述话语；叙述	constative	99
表征	representation	252
表征系统	representation, system of	252
不可还原的	irredicible	180
不可还原性	irreducibility	180
不适切的	infelicitous	175
不适切性	infelicity	175

C

中文	英文	页码
擦除	erasure	143
擦除下的写作	writing under erasure	307
差异	difference	129
查尔斯·莫里斯	Morris, Charles	211
查尔斯·桑德斯·皮尔斯	Peirce, Charles Sanders	227
超验的	transcendental	292
超验所指；超越所指	transcendental signified	293

超越；之上	meta-	207
呈位	rheme	253
充分性	adequacy	14
抽象	abstraction	5
初级过程	primary process	239
处理中的主体	*sujet en proces*	280
传播；交际	communication	95
传播；散播	dissemination	132
创造	poiesis	234
词典	lexicon	192
词典/百科全书	dictionary vs. encyclopedia	127
词汇的	lexical	192
词义消亡	verbicide	301
此地此刻	*hic et nunc*	161
此性；个体性	*haecceitas*, hecceity	158
存在	being	70
存在的形而上学	presence, metaphysics of	239

D

代表；代替	*stare pro*	274
代表物	representamen	251
代理	agency	21
代码；符码；密码	code	90
单符	sinsign	270
当代	contemporary	101

倒叙	analepsis	28
笛卡儿的	Cartesian	81
笛卡儿主义	Cartesianism	81
第二性	secondness	258
第三性	thirdness	287
第三性	transuasion	293
第一性	firstness	150
电影	cinema	87
迭代	iteration	181
动机/任意性	motivation vs. arbitrariness	212
动物符号学	zoosemiotics	309
动物符号(研究)	zoosemiosis	309
读者	reader	245
读者导向	*lisible*	193
读者的	readerly	245
读者反应理论	reader-response theory	245
断言	assertion	51
断言性的	assertory	51
对话	dialogue	125
对话主义	dialogism	124
对象;客体	object	220
多功能的	polyfunctional	235
多义性	plurisignation	234
多义性;多义词;一词多义	polysemy	235

E

俄罗斯形式主义	Russian formalism	253
恩斯特·卡西尔	Cassirer, Ernst	82
二分法	dichotomy	127
二进制代码	binary code	73
二元的	dyadic	135
二元对立	binary opposition	73
二元论	binarism	73
二元论	dualism	134

F

发话者	addresser	13
发话者	utterer	299
发送者	sender	265
反人道主义	anti-humanism	34
反现实主义	anti-realism	37
反心理主义	antipsychologism	36
泛符号论	pansemiotism	224
泛符号性	pansemiotic	224
泛时性	panchronic	223
范畴	categories	83
范畴体系	categoreal (categorical) scheme	83
范式;规范;聚合	paradigm	225
范式转换	paradigm shift	225
方法学	methodeutic	209

非言语沟通	nonverbal communication	218
费尔迪南·德·索绪尔	Saussure, Ferdinand de	255
分类法;分类学	taxonomy	285
分离抽象	prescissive	239
分析;解析	analysis	29
分析判断/综合判断	analytic/synthetic judgments	30
缝合	suture	280
符号	*semeion*(复数 *semeia*)	261
符号	sign	265
符号	*signum*	268
符号;标志	*Zeichen*	308
符号功能体;符号使用体	sign function	266
符号过程	semiosis	262
符号理论	*Zeichentheorie*	308
符号起源	semiogenesis	261
符号网络	semiotic web	264
符号性动物;动物符号	*animal symbolicum*	31
符号学	semiology	261
符号学;符号论	semeiotic	260
符号学;符号语言学	semiotics	263
符号学的/象征的	the semiotic/the symbolic	263
符号学总论	sematology	260

符号载体	sign vehicle	269
符号指代关系；一物代表一物	*aliquid stat pro aliquo*	23
辅助者	auxiliant	62
辅助者；助手	*adjuvant*	17
父居制	patrilocation	227
复制品；复本	replica	251

G

概述；一览	*aperçu*	37
格式塔	Gestalt	153
个人语型；个人语言变体；个人方言	idiolect	170
个体	individual	172
公理	axiom	63
公设	postulate	236
功能；函数	function	151
共时/历时	synchronic vs. diachronic	282
共视的	coenoscopic	92
故事/情节	story/plot	275
关涉物	relatum（复数 relata）	250
观测性	observational	14
归纳	induction	174
规范科学	normative science	219

H

中文	英文	页码
合理性方法	agreeableness to reason, method of	21
合作原则	cooperative principle	107
痕迹；踪迹	trace	291
后现代结构主义；后结构主义	poststructuralism	236
后现代主义	postmodernism	235
后验	a posteriori	38
胡斯托斯·布赫勒	Buchler, Justus	79
互文性；文本间性	intertextuality	178
话语；语篇	discourse	130
话语分析	DA. discourse analysis	113
话语分析	discourse analysis (DA)	131
怀疑的诠释学	hermeneutics of suspicion	159
怀疑论	skepticism	271
怀疑论者	skeptic	271
还原论	reductionism	249
环境；周围世界	*Umwelt*	297
回溯推理	retroduction	252
会话分析	CA. conversation analysis	81
会话分析	conversation analysis (CA)	107

| 会话/探究 | conversation/inquiry | 105 |
| 会话准则 | conversational rules | 106 |

J

基础	ground	156
"极乐"文本	bliss (*jouissance*), texts of	76
即时对象/动态对象	object, immediate vs. dynamic	221
集体无意识	collective unconscious	94
集体意识	collective mind	94
家族相似性	family resemblance	148
假说;假设	hypothesis	164
价值;值	value	300
价值论	axiology	63
间离效应或 A 效应	alienation effect or A-effect	22
建构学	architectonic	45
建筑学;建筑符号学	architecture	46
贱弃	abject, the	2
交际功能;酬应功能	phatic function	229
接受理论	reception theory	248
接受美学	*Rezeptionsästhetik*	253
结构语言学	structural linguistics	275
结构主义	structuralism	276
结构主义者	structuralist	276
结论	conclusion	97

解构	deconstruction	114
解构主义	deconstructionism	114
解经学	exegesis	145
解码者	decoder	114
解释	*Erklärung*	144
解释项；阐释义	interpretant	176
解释性	explanatory	14
解释者	interpreter	177
经济性原则	economy, principle of	136
经验	experience	145
经验主义	empiricism	139
经院派（的）	scholastic	256
精神分析	psychoanalysis	241
镜像阶段	mirror stage	210
句法学；符号关系学	syntactics	284
聚合关系／组合关系	paradigmatic vs. syntagmatic	225
绝对性	apodictic	37

K

卡尔·布勒	Bühler, Karl	80
科学；知识	*scientia*	257
科学的方法	science, method of	257
科学性	scientificity	257
可迭代性	iterability	181
可书写的	*scriptible*	258

可写文本或作家式文本	writable or writerly text	305
可验证性	verifiability	301
空间符号学	proxemics	241
口头的	verbal	300
口误	parapraxis	226
口语的	glotto-, glutto-	153
跨符号学	intersemiotic	177

L

勒内·笛卡儿	Descartes, René	120
类比	analogy	28
类型符／标记;(个别)符号	type vs. token	295
类型学	typology	296
理解	*Verstehen*	302
理性	*ratio*	244
理性	reason	248
理性主义	rationalism	244
历时	diachronic	121
连接	contact	101
连续统	continuum	103
连续性	continuity	103
连续性原则	synechism	283
联想关系	associative	52
零度写作	writing degree zero	307
零度(写作)	zero degree	309

路德维希·约瑟夫·约翰·维特根斯坦	Wittgenstein, Ludwig Josef Johann	304
路易·阿尔都塞	Althusser, Louis	26
露西·伊利加雷	Irigaray, Luce	180
论述实践	discursive practice	131
论证过程	argumentation	48
罗兰·巴特	Barthes, Roland	65
罗曼·雅各布森	Jakobson, Roman	182
逻各斯；理性	*Logos*	201
逻各斯中心主义；语言中心主义	logocentrism	200
逻辑	logic	197
逻辑实证主义	logical positivism	199

M

美学	aesthetics	20
梦	dream	133
米哈伊尔·巴赫金	Bakhtin, Mikhail	65
密码	cryptography	111
密码学	cryptology	111
描述性	descriptive	14
命名法；术语	nomenclature	216
命题	proposition	241
命题态度	propositional attitude	241
谬误；谬见	fallacy	148
陌生化	defamiliarization	117

陌生化	*ostranenie* (*ostranenye*)	222
陌生化	"strange, making"	275
母体；子宫间	chora	86

N

男根（男性生殖器）的象征	phallus	229
男根中心的	phallocentric	228
男根中心主义	phallocentrism	228
内部符号学	intrasemiotic	179
内涵	connotation	98
内容与表达	content and expression	102
能力和表现	competence and performance	96
能指	*signifiant*	267
能指	signifier	268
能指/所指	*signans/signatum*	266
拟人化	anthropomorphism	32
凝缩	condensation	97

P

批判	critique	110
批判常识主义	critical commonsensism	109
批判逻辑	critic	109

皮尔斯范畴论	Categories, Peircean	84
拼凑	*bricolage*	78
拼凑者	*bricoleur*	78
普遍性	universal	297

Q

歧义	ambiguity	27
启发式的;试探的	heuristic	161
启蒙	*Aufklärung*	53
启蒙运动	Enlightenment, The	140
恰当的;合适的	proper	241
潜在内容/显现内容	latent vs. manifest content	190
切分;分节	articulation	49
清晰度等级	clarity, grades of	87
情感贯注	cathexis	86
情节	*sjuzet* (*suzet*, *syuzhet*)	271
情节/故事	plot/story	234
区分	distinction	133
区分性的	diacritical	122
权威的方法	authority, method of	58
全部;每一个	pan-	223
诠释学;解释学	hermeneutic, hermeneutics	159
缺失	lack	184

R

人类符号活动	anthroposemiosis	33
人类符号学	anthroposemiotics	34
人身攻击	*ad hominem*	19
人文科学	*Geisteswissenschaften*	152
人文主义	humanism	162
认识论；知识论；知识学	epistemology	143
认识论的；与知识相关的	epistemological	143
认识论断裂	*coupure épistémologique*	108
任意性	arbitrariness	39

S

萨丕尔-沃尔夫假说	Sapir-Whorf hypothesis	255
三分法；三分论	trichotomy	294
三元的，三部分的；具有三个部分、方面或层次的	triadic	294
深层结构	deep structure	117
神话	mythos	213
神话；神话学	myth	212
生活世界；日常经验的世界	*Lebenswelt*	190
生命形式	form of life (*Lebensform*)	150

生物符号行为	biosemiosis	76
生物符号学	biosemiotics	76
省略三段论	enthymeme	141
失语症	aphasia	37
施事话语	performative utterance	227
时代精神	*Zeitgeist*	308
时尚	fashion	149
实践	praxis	238
实体抽象	hypostatic abstraction	162
实用论	pragmaticism	236
实用主义	pragmatism	238
实在界	real, the	247
实证主义	positivism	235
使用语言或说话的动物	*homo loquens*	161
世界观；人生哲学	*Weltanschauung*	304
试推法；溯因推理	abduction	1
适恰	*adequatio*	15
释符者	*semeiotikos*	264
受话者	addressee	12
书写	*écriture*	137
术语伦理学	ethics of terminology	144
述位	dicent	126
述谓	predication	238
双倍切分	double articulation	133
双；一对	dyad	134
私人语言	private language	239

思辨修辞	speculative rhetoric	273
思辨语法	speculative grammar	272
思想	thought	289
斯多葛符号理论	Stoic theory of signs	274
苏珊娜·朗格	Langer, Susanne	185
算法	algorithm	22
缩写	abridgement	4
所指	*signifie*	267
所指物	denotatum(复数 denotata)	118
所指物;所指	signified	268

T

他异性;异质性	alterity	25
他者	other	222
他者性	otherness	222
他者中的他者/他者中的相同者	other of the other vs. other of the same	222
泰基主义	tychism	295
探究/对话	inquiry/conversation	175
特权	privilege	240
特设	*ad hoc*	18
提喻	synecdoche	283
听觉的	aural	53
通道;渠道	channel	86
图表	diagram	123
图伊主义	tuism	295

推论	inference	174
托马斯·阿尔伯特·塞比奥克	Sebeok, Thomas Albert	258

W

外延	denotation	118
唯名论	nominalism	217
唯心主义	mentalism	206
维多利亚·韦尔比夫人	Welby, Victoria Lady	303
谓语	predicate	238
文本;语篇;篇章	text	285
文本之乐	*plaisir du texte*, *le*	233
文化	culture	112
文化特有/普遍	emic/etic	138
文学性	literariness	195
问题域;问题集	*problématique*	240
翁贝托·艾柯	Eco, Umberto	136
我	I	166
我思	*cogito*	93
无动机的	unmotivated	297
物自体	*Ding an sich*	130

X

习惯	habit	158
系统;体系	system	284
先验	a priori	39
先验方法	a priori method	39

显象学；显现学	phaneroscopy	229
显性内容	manifest content	202
现代	modern	210
现代性	modernity	211
现实	reality	248
现实性	actuality	9
现实主义；实在论	realism	247
现象	phenomenon(复数 phenomena)	230
现象学；现象论	phenomenology	230
线性	linearity	192
想象界或想象域	imaginary order or register	170
象似符；类象符号	icon	166
象似性	iconicity	167
象征；标志；符号	symbol	280
象征秩序或象征领域	symbolic order or register	281
写手	*écrivant*	138
写作	writing	305
写作学	grammatology	155
心中的词；内心的词	*verbum mentis*	301
新词	neologism	214
新历史主义	New Historicism	215
新批评	New Criticism	215
信号	signal	266
信念	belief	70

信息；信息内容	message	207
行动素	acteme	8
行动者	*acteur*	9
行为分析	actantial analysis	7
行为主体	*actant*	6
行为主义	behaviorism	68
行为主义意义理论	behaviorist theory of meaning	69
形态学	morphology	211
型符	legisign	191
性别/生理性别	gender/sex	152
修辞；修辞学	rhetoric	253
修辞符号	rhematic sign	253
修辞格；修辞手法	rhetorical figure	253
许多	poly-	235
叙事	narrative	214
叙事性	narrativity	214
叙事学；叙述学	narratology	214
叙述文本	*recit*	249
炫耀性消费	conspicuous consumption	100

Y

雅克·德里达	Derrida, Jacques	119
雅克·拉康	Lacan, Jacques	184
亚里士多德	Aristotle	48
延异	*différance*	128

言后行为	perlocution	228
言后之力	perlocutionary force	228
言内之力	locutionary force	196
言外行为或言外之力	illocutionary act or force	170
言语	speech	273
言语/语言	*parole* vs. *langue*	226
言语行为理论	speech act theory	273
演绎推理	deduction	117
扬弃	*Aufhebung*	53
一般	general	153
移置	displacement	132
义素；义位	seme, sememe	260
议位；论证；论元	argument	47
异体批评	heterocriticism	160
易谬主义	fallibilism	148
易位词	anagram	27
意动的；意动性	conative	96
意识	consciousness	99
意识形态；思想体系；观念学	ideology	169
意识形态上层建筑	ideological superstructure	168
意向性；意向论；意图性	intentionality	176
意义	*Sinn*	269
意义；含义	meaning	204
意义死角	*aporia*	38

意指	signifies	267
意指过程	signification	267
音位;音素	phoneme	231
音位符号系统的起源或演化	glottogenesis	154
隐喻	metaphor	209
用法;使用	usage/use	298
游戏	play	233
有特权的	privileged	240
愉悦	*jouissance*	182
语法;语法学;语法规则	grammar	155
语境	context	103
语境化;现实化	actualization	11
语境主义;语境论	contextualism	103
语内表现行为	illocution	170
语言;语言系统	language	186
语言/言语或话语	language vs. (speech or discourse)	189
语言的审美功能	aesthetic function of language	17
语言的诗意功能	poetic function of language	234
语言系统/言语行为	*langue* vs. *parole*	189
语言学转向	linguistic turn	193
语言游戏	language game	189
语言中心论	glottocentrism	154
语义的	semantic	259

语义素	semanteme	259
语义学	semantics	259
语音中心主义	phonocentrism	232
语用学	pragmatics	237
元；原；源	*arche-*	42
元理论	metatheory	209
元书写	arche-writing	44
元型；原型；源型	archetypes	43
元叙事	metanarrative	208
元语言	metalanguage	207
元语言的	metalinguistic	208
元语言功能	metalingual	208
约定俗成	convention	104
约定俗成的符号	*signum ad placitum*	269
约定性符号	conventional signs	105
约翰·波因索	Poinsot, John	234
约翰·杜威	Dewey, John	121
约翰·兰肖·奥斯丁	Austin, John Langshaw	53
约翰·洛克	Locke, John	196
阅读	reading	246

Z

噪音	noise	216
增扩性的/解释性的	ampliative/explicative	27
知识体系	*épistémè*	142
直接知识	immediate knowledge	171

直觉	intuition	179
直觉知识	intuitive knowledge	179
植物符号学	phytosemiotics	233
指称	*Bedeutung*	67
指称	reference	249
指称的不可知性	reference, inscrutability of	250
指称物	referent	250
指示符;指示;指示符号	index	172
指示性的	deictic	118
质符	qualisign	243
中介	mediation	205
中世纪的	medieval	206
轴线	axis	63
朱莉娅·克里斯蒂娃	Kristeva, Julia	183
主观性的首要性;主体性的首要性	subjectivity, primacy of	279
主题化	thematize	287
主体	subject	277
主体的去中心化	decentering of the subject	113
主体间性;交互主观性	intersubjectivity	177
主体性;主观性	subjectivity	277
主体性/主观性的生成/性别化	engendering of subjectivity	140
转义修辞;比喻;修辞	trope	294
转喻	metonymy	210

自然发生	autogenesis	60
自我	ego	138
自我;自动	auto-	59
自我批评	autocriticism, autocritique	59
自我指向的	autotelic	62
自主性	autonomy	61
字面意义/隐喻意义(或比喻意义)的使用	literal vs. metaphorical (or figurative) usage	194
组合关系	syntagm	284
组合关系/聚合关系	syntagmatic vs. paradigmatic	284
作者	*écrivain*	137
作者的死亡	author, death of the	55
作者意图或作者原意	author's intention or authorial intention	57

后　记

在编纂这本术语手册的过程中,我学到了我本应早就知道的东西。著书立说,即便篇幅不长,也绝非易事,尤其是当这本书试图涵盖如此广泛且多变的领域,如深奥的符号学。在绘制这片领域地图的过程中,我得到了几位人士的大力协助。多米尼克·巴勒斯特拉(Dominic Balestra)是我在福特汉姆大学(Fordham University)所在部门的负责人,他在无数的大事小情中为我提供了一位理想的研究助手:马特·库宁(Matt Kuenning)。马特的精准、责任心和智慧都极其宝贵。伊丽莎白·沃佐拉(Elizabeth Vozzola)在最艰难的情况下依然给予我深刻的见解和鼓励,而彼得·卡洛(Peter Carlo)则既是鼓舞人心的存在,又总能带来令人愉悦的波澜。

安德烈娅·伯奇(Andrea Birch)、凯瑟琳·斯蒂芬森(Katharine Stephenson)和约翰·K. 谢里夫(John K. Sheriff)教授对本作品的初稿提出了极其有益的评论。每位教授都为这项工作的实现做出了独特的贡献。

　　每当我在句子纠缠不清、情绪低落或分心时,我的编辑乔·格洛里(Jo Glorie)总能找到最恰当的词语给我希望,让我有可能完成它。这本术语手册的诞生,以及它所属的系列丛书,都体现了她的编辑眼光;而这本书的完成则充分彰显了她的编辑技巧。

文森特·M. 科拉彼得罗

作者简介

文森特·科拉彼得罗(Vincent Colapietro)是美国宾夕法尼亚州立大学名誉教授,罗德岛大学人文中心教授。曾任美国符号学学会主席,美国形而上学学会和查尔斯·S.皮尔斯学会主席,以及《查尔斯·桑德斯·皮尔斯学会会刊》(Transactions of the Charles S. Peirce Society)的咨询编辑。在符号学、符号学家皮尔斯研究、实用主义等领域深耕多年并有诸多建树,著有《皮尔斯的自我观——关于人类主观性的符号学视角》(Peirce's Approach to the Self: A Semiotic Perspective on Human Subjectivity, 1989)、《符号学术语手册》(Glossary of Semiotics, 1993)、《人类自由的命运形态》(Fateful Shapes of Human Freedom, 2003)、《社会戏剧:动物人性的实用主义》(Acción, sociabilidad y drama: Un retrato pragmatista del animal humano, 2020)等著作,还撰写了多篇关于皮尔斯、詹姆斯、杜威和美国思想界其他人物的文章。在其著作中,科拉彼得罗教授从皮尔斯实用主义的角度审视和评价了费尔迪南·德·索绪尔、翁贝托·艾柯、理查德·罗蒂和雅克·德里达等思想家的观点,并培养了大批优秀学者。

译者致谢

从北京大学中文系博士毕业后,我到美国罗德岛大学工作。在美国的近两年里,我和本书的原著者文森特·M. 科拉彼得罗教授(Professor Vincent M. Colapietro)的妻子约瑟芬·卡鲁比亚博士(Dr. Josephine Carubia)相识并结下了深厚的友谊。约瑟芬和我都具有文学博士学位,而不同的文化背景让我们有很多话聊,从语言、文学、文化,到乔姆斯基,再到生活的方方面面,约瑟芬还教了我不少好吃的美式佳肴做法。罗德岛在新英格兰地区,华人不多,与约瑟芬的相识使我得以很快融入当地生活圈子,和不同肤色、不同文化背景的人们成为朋友。《符号学术语详解手册》是约瑟芬的先生所著。语言的本质就是符号,符号学与我的专业语言学特别是语义学有千丝万缕的联系,这本书收录的词条不仅囊括符号学核心术语,还涉及语言学、文学、哲学等领域,释义详尽。回国后,我在北京师范大学任教职,萌生将它翻译成中文的想法,得到了科拉彼得罗教授夫妇的大力支持。无论是与外方出版社的事务性交接,还是翻译中遇到的各种问题,约瑟芬和科拉彼得罗教授都提供了全方位的帮助。在此致以诚挚的谢意。

《符号学术语详解手册》这本书的中文译名,来自我的博士导师袁毓林教授。从北京大学博士毕业至今,我一直与老师保持着联系,在美国工作期间,老师也给了我很多鼓励和支持。老师于我如师如父,我一直铭感于心。同时,还要感谢上海教育出版社的编辑,这本译著在从一个想法到成为一本书的过程中,编辑提供了莫大的帮助。此外,我还要感谢温弗里德·诺思教授(Professor Winfried Nöth)向出版社的倾情推荐,以及我的五位研究生——符嘉琪、林培如、卓琛凡、钟舒一、范清清的认真校对,没有这些师长、同好的支持,《符号学术语详解手册》这本译著就不能顺利完成。

曾静涵

2024 年 9 月 9 日

译者简介

曾静涵,北京师范大学文学院讲师,硕士生导师。北京大学中文系博士,北京师范大学博士后,师从著名语言学家袁毓林教授、刁晏斌教授。任国际中国语言学会会员、北京语言学会会员、日本中国语学会会员,担任多个国际国内权威学术会议的程序委员会委员和学术期刊的匿名审稿人。曾任教于美国罗德岛大学(University of Rhode Island),研究领域涉及语言学、语言哲学及符号语言学,在国际、国内核心刊物发表中、英文学术论文数十篇。主持国家社科基金项目、教育部项目等国家级、省部级科研项目五项,参与《中国大百科全书》语言卷语义学部分词条的编纂工作,参与国家社科基金重大招标项目、科技部973项目等国家级、省部级科研项目三项。

图书在版编目(CIP)数据

符号学术语详解手册 / (美) 文森特·M.科拉彼得罗著；曾静涵译. — 上海：上海教育出版社，2025.3.
ISBN 978-7-5720-3389-6

Ⅰ. H0

中国国家版本馆CIP数据核字第2025A3B004号

Vincent M.Colapietro
Glossary of Semiotics
Copyright © 1993 by Paragon House
Simplified Chinese edition copyright © 2025 by Shanghai Educational Publishing House Co., Ltd.
All rights reserved.

上海市版权局著作权合同登记号图字09-2024-0876号

责任编辑　蒋陈唯　毛　浩
美术编辑　郑　艺

符号学术语详解手册
[美] 文森特·M.科拉彼得罗　著
曾静涵　译

出版发行	上海教育出版社有限公司
官　　网	www.seph.com.cn
地　　址	上海市闵行区号景路159弄C座
邮　　编	201101
印　　刷	上海昌鑫龙印务有限公司
开　　本	787×1092　1/32　印张 12.5
字　　数	194 千字
版　　次	2025年3月第1版
印　　次	2025年3月第1次印刷
书　　号	ISBN 978-7-5720-3389-6/H·0101
定　　价	88.00 元

如发现质量问题，读者可向本社调换　电话：021-64373213